호텔서비스 실무
Hotel Service

김성용

지식인

Profile

김성용

George Washington University 테크노경영학(석사)
홍익대학교 대학원 경영학과(경영학 박사)
한국관광대학교 호텔경영과 교수

호텔서비스실무

2016년 2월 20일 초판 1쇄 인쇄
2016년 2월 25일 초판 1쇄 발행

지은이 | 김성용
펴낸이 | 김종욱
펴낸곳 | 지식인
등 록 | 제301-2013-134호
주 소 | 서울시 도봉구 도봉로 476, 415호(삼성쉐르빌퍼스티)
전 화 | 02)2266-8606 (대)
팩 스 | 02)2266-8607
이메일 | jisikin2013@naver.com
홈페이지 | www.jisikinbook.co.kr

ISBN 978-89-98591-68-7 (93320)

값 20,000원

호텔서비스실무

호텔서비스 실무 Hotel Service

글로벌화Globalization로 인한 국제관광의 규모는 증가하고 있으며, 이러한 경향으로 인하여 현재뿐만 아니라 향후에도 호텔을 이용하는 이용객수는 점차 증가할 것으로 예측된다. 이러한 환경 하에서 고객들을 유치하기 위한 호텔 간의 경쟁도 더욱 치열해지고 있다. 또한 호텔들은 유형적인 시설뿐만 아니라 호텔서비스의 중요성과 효과를 더욱 인식하여 호텔리어들에게 진심어린 서비스마인드로 고객들에게 최고의 서비스로 고객들을 만족시키기 위해 항상 노력하고 있다.

호텔에서 고객들에게 제공되는 서비스는 다양한 부분에서 다양한 형태로 이루어지고 있는데, 프런트데스크, 하우스키핑, 벨데스크, 도어데스크, 식음료부서, 마케팅부서 등에서 각각의 부서에서 수행하는 직무를 수행하고 있다. 이렇게 호텔 각각의 부서에서 고객들에게 최고의 서비스를 제공하기 위해서 모든 호텔들이 치열하게 경쟁하고 있는데, 이러한 경쟁은 최근 호텔산업의 전체적인 트렌드와도 밀접한 관계가 있다고 할 수 있다.

최근 호텔산업의 두드러진 특징 중 하나는 세계적인 대규모의 글로벌 호텔기업들이 다수의 글로벌파워브랜드를 가지고 체인 형태로 호텔을 운영하고 있다는 점인데, 이러한 브랜드들은 세계 각 지역에 위치하고 있기 때문에 어느 한 지역에서의 평판4이나 이미지에 타격을 받으면 그 한 지역의 호텔뿐만 아니라 그 브랜드를 사용하고 있는 모든 호텔들이 영향을 받게 된다. 따라서 마케팅적인 측면에서의 규모의 경제Economies of Scale의 효과도 누릴 수 있는 장점이 있지만, 그 반대로 부정적인 영향도 모든 호텔들에게 그 파급효과를 미치게 된다.

이러한 상황에서, 호텔 본사는 세계 각 지역에 위치하고 있는 많은 호텔들을 관리하기 위해 서비스 표준화Service Standardization를 통한 서비스 품질관리를 중요한 부분으로 생각하게 된다. 따라서 이러한 서비스 표준화를 이루기 위해서는 매뉴얼화 된 서비스 형태를 인적자원들에게 교육하고 훈련하는 것이 매우 중요한 부분이라 할 수 있다.

이렇게 호텔산업에서 서비스의 중요성이 증가하면서 고객들은 단순히 호텔의 상품을 이용한다는 개념보다는, 호텔서비스를 제공받는다는 인식이 더욱 강하기 때문에 서비스 품질과 관련된 부분은 자연스럽게 호텔서비스에서 가장 중요한 부분이 되었다고 할 수 있다.

호텔서비스 품질과 관련되어서는 이 분야에서 가장 일반적으로 형성되어 있는 서비스 품질 평가기준 다섯 가지인 유형성Tangibility, 신뢰성Reliance, 반응성Responsiveness, 확신성Assurance, 공감성Empathy을 호텔서비스에 적용시키는 것이 매우 중요하다.

또한 호텔서비스에서 중요한 부분은 어느 한 부서에서 제공하는 서비스의 품질은 높지만, 다른 부서의 서비스 품질이 낮다고 고객이 인지하게 되면 그 호텔에서 제공되는 모든 서비스의 품질에 대한 평가는 낮아질 수밖에 없기 때문에, 호텔에서 고객들에게 서비스를 제공하는 모든 구성원들이 활발하나 커뮤니케이션Communication을 해야 한다. 이러한 커뮤니케이션을 통해서 호텔에서 서비스를 제공하는 모든 구성원이 진심어린 서비스마인드를 함양하는 것이 가장 중요한 부분인 것이다.

호텔서비스에 있어서 호텔의 관점에서 중요하게 생각해야 하는 점은, 서비스의 표준화Service Standardization와 관련된 부분이라고 할 수 있다. 특히, 최근에는 글로벌화로 인해 국제관광 수요가 증가하고 있기 때문에, 세계 각 지역에 위치하고 있는 동일 브랜드의 호텔에서, 매뉴얼화 되지 않은 서비스를 고객들에게 제공할 경우 고객의 입장에서는 만족도가 낮아질 수 있다. 따라서 호텔은 내부구성원들의 교육 및 훈련Education and Training을 통해 서비스의 표준화를 이루는 것이 치열한 호텔산업에서 경쟁우위를 확보하는 방법인 것이다.

본서에서는 호텔에서 제공되는 서비스를 부서별로 나누어 설명하였으며, 이러한 서비스를 제공하기 위한 배경인 서비스 품질Service Quality과 글로벌한 관점에서의 호텔산업의 현황에 대해서도 간략하게 설명하였다. 그리고 호텔서비스에 있어서 가장 중요한 점은 진심어린 서비스마인드Service Mind라는 결론을 도출하였다.

저자 씀

CONTENTS

CONTENTS

호텔서비스 실무 Hotel Service

CHAPTER 01

호텔업의 이해

호텔서비스 실무 Hotel Service

01 호텔업의 이해

최근 정보화, 글로벌화 등의 영향으로 서비스 산업의 비중 및 중요성이 증가하고 있는데, 특히, 호텔 및 관광산업은 향후 가장 전망이 밝은 산업 중 하나라고 할 수 있다.

글로벌화로 인해 국제관광수요가 증가하며, 이러한 경향은 향후 더욱 가속화 될 것으로 예측되고 있으며, 국제관광객들이 필수적으로 해결해야 할 문제가 숙박이기 때문에 호텔업의 중요성은 계속해서 증가하고 있다.

이러한 환경적인 영향으로 호텔서비스도 그 비중이 증가하면서 호텔들은 치열한 경쟁 환경 속에서 더욱 높은 수준의 서비스를 고객들에게 제공하려고 노력하고 있으며 기존에 존재하는 서비스의 품질을 높이려고 노력하거나 새로운 서비스들을 창출해 내고 있다. 또한 호텔산업이 향후 전망이 가장 밝은 산업이라는 다른 의미는, 최근의 가장 두드러진 트렌드가 정보화를 기반으로 한 경영환경의 변화라고 할 수 있는데, 아무리 정보화가 발전되어 모든 일상생활이 정보화된다고 하여도 영향을 많이 받지 않는 분야가 호텔서비스이기 때문에 수요의 증가라는 개념뿐만 아니라 호텔산업은 지속적으로 발전할 것으로 예측된다.

특히, 우리나라의 경우는 특급호텔들은 최근에도 신규로 시장에 진입한 호텔들이 많이 있지만, 중저가 숙박시설의 부족이 전반적인 상황이기 때문에 실질적으로 우리나라와 서울의 특급호텔의 시장경쟁 구조는 과점Oligopoly상황이라고 할 수 있다. 이러한 시장경쟁 구조에서는 호텔들이 경쟁호텔에 비해서 경쟁우위를 확보하기 위해서는 세 가지 조건을 갖추어야 하는데, 교통, 유형성 그리고 마지막으로 가장 중요한 서비스 품질이다.

교통은 호텔마다 표적시장Target Market이 다르기 때문에 경쟁우위 창출에 절대적이지는 않다고 생각되며, 유형성은 기존의 특급호텔이나 새로 시장에 진입한 글로벌 체인호텔들은 고객들을 만족시킬 정도의 유형성을 모두 보유하고 있다고 생각된다.

따라서 고객들의 호텔서비스에 대한 반복적인 구매를 위해서는 호텔에서 제공되는 서비스 품질이 가장 중요한 부분이라고 할 수 있다. 호텔서비스에서 가장 중요한 점은, 물론 호텔리어들이 제공하는 진심어린 서비스 마인드Service Mind지만, 호텔조직 전체적으로 보면 몇 가지 조율해야 할 부분이 있는데, 이러한 세심한 부분의 차이에 의해서 결국 고객들은 그 호텔의 서비스에 대해서 만족하거나 불만족하게 된다.

예를 들어, 어떤 호텔서비스를 이용하는 고객이 프런트데스크에서 제공되는 서비스에 대해서는 매우 만족한 서비스를 제공받았다고 생각하는데, 같은 호텔의 벨데스크에서 제공되는 서비스에 대해서는 매우 불만족할 경우, 아마 그 고객은 그 호텔서비스를 다시 구매하지 않을 것이다. 이러한 점을 방지하기 위해서는 호텔서비스를 제공하는 호텔 구성원들끼리의 커뮤니케이션이 매우 중요한 부분이다.

Total Quality Management의 전원참여Total Participation 부분에서와 같이 호텔리어들은 본인의 부서에서 수행하는 직무가 아니더라도 갑자기 발생하는 고객들의 요구에 항상 대비하여 고객들에게 최고의 서비스를 제공할 수 있도록 준비하고 있어야 한다.

1) 호텔업의 개념

호텔의 어원은 라틴어 'Hospitale'이라는 말에서 찾아볼 수 있는데, 이 Hospitale이라는 단어에서 Hospital, Hostel, Inn 등으로 현대에 와서 Hotel이라는 말이 되었다고 할 수 있다. Hospital이라는 단어는 현재에는 병원이라는 의미로 사용되고 있지만, "Webster's Dictionary"에서는 "A place for shelter and rest for travelers"로 여행자의 숙박과 휴식의 장소이며, 원시적 숙박시설의 기원을 의미하고 있다. 현대적인 의미로서는 "A building or institution providing Lodging,

Meals, and Service for the Public"로 호텔은 숙박과 식사 및 서비스를 일반대중에게 제공하는 시설 혹은 그 건물 자체를 뜻한다고 볼 수 있다. 이러한 관점에서 본다면, 호텔과 병원은 가장 밀접한 관련을 가지고 있으며 병원과 호텔경영관리를 동일시하는 것도 이 때문이다.

한편 호텔업의 본고장인 영 · 미 법률에서 살펴볼 때, 일반법은 그 개념을 다음과 같이 설명하고 있다.

> 호텔이란, 예절바르게 받은 접대에 대한 지불능력 및 준비가 되어 있는 모든 사람들에게는 시설의 여유가 있는 한 수용이 허락되며, 체재기간 및 보상의 율 등에 관한 약정 없이 체재 중에 타당한 대가를 지불하면 식사 · 침실 등이 제공되며, 그 집을 임시적으로 가정으로 이용하는데 필연적으로 부수되는 서비스와 관리를 받을 수 있는 장소이다.
>
> A place where all who conduct themselves properly, and who, being able and ready to pay for their entertainment, are received, if there be accommodation for them, and who without any stipulated engagement as to the duration of their stay or as to the rate of compensation, are while their supplied at a resonable cost with their meals, lodging, and such services and attention as are necessarily incident to the use of the house as a temporary home.

2) 호텔의 역사

'호텔'이라는 용어가 사용된 것은 약 200년 전부터이며 교통수단으로 마차가 등장하였는데, 이 마차에 의해 승객들을 위한 대규모의 고급 숙소로서 숙박시설이 생겨나기 시작하였다.

19세기가 되면서 호화호텔 건설의 구체적인 형태가 나타나기 시작되었다. 현재의 호화로운 건물의 외관과 내장 및 시설은 이 시기에 상업화되었던 양식이 그대로 내려오고 있다고 할 수 있다.

미국에서의 호텔의 역사는 1829년 보스턴에 최초의 현대식 호텔인 'Tremont

House'가 등장하였으며, 상용호텔의 시대로 들어오면서 여행수요 및 관광객의 증가로 인해 고객들이 원하는 숙박시설의 형태, 서비스의 개발, 중산층 고객에 맞는 객실요금 등으로 호텔산업은 새로운 국면을 맞게 된다.

이후에 대규모 체인호텔들이 출현하게 되는데, 1940년 이후 대공황의 여파가 지나가면서 호텔산업은 다시 점점 회복기로 접어들었으며, 이러한 상황에서 Sheraton과 Hilton이라는 대규모의 호텔 체인기업이 호텔산업을 주도하게 되었다. 이후 자본력을 가진 프랜차이즈 시스템Franchise System을 통한 체인호텔 형태의 호텔기업들이 계속 등장하면서 현재의 호텔산업 경쟁구도가 형성되게 되었다.

호텔산업에서 이러한 프랜차이즈시스템을 기반으로 한 경쟁구도는 향후 더욱 가속화 될 것으로 전망되는데, 세계적인 글로벌 체인호텔 기업들은 특히 마케팅 부문에서 규모의 경제Economies of Scale를 활용하고 있기 때문에, 체인호텔의 수를 줄이지는 않을 것으로 예측된다.

02 호텔업의 특성

호텔업은 다른 산업과 비교해서 몇 가지 고유한 특성을 가지고 있는데, 그 주요한 특성은 다음과 같다.

1) 인적자원에 대한 의존성

호텔산업은 다른 산업에 비해서 인적자원에 대한 의존도가 상대적으로 가장 큰 산업 중 하나라고 할 수 있다. 이러한 인적자원의 높은 품질의 서비스를 통해서 호텔의 상품이 생산되고 판매되면 고객만족을 최대화 할 수 있다.

호텔업은 다른 산업에 비해 상대적으로 호텔기업들이 핵심 역량을 보유하기가 어렵다고 할 수 있는데, 이러한 상황에서 호텔기업들이 핵심 역량을 보유하여 다른 기업에 비해서 경쟁우위를 확보하려면 서비스 품질을 높여야 한다. 물론 최고의 서비스 품질은 진심어린 서비스마인드라고 할 수 있지만, 고객의 입장에서는 보다 체계적이고 세밀한 서비스를 제공받기를 희망하기 때문에 이러한 서비스 품질의 체계적인 분석과 활용은 서비스가 가장 중요한 부분인 호텔기업들에게는 매우 중요한 부분이라 할 수 있다.

서비스 품질을 평가하는 기준은 여러 기준이 있지만, 가장 일반적으로 사용되고 있는 PZB의 서비스 품질 평가기준인 유형성Tangibility, 신뢰성Reliability, 확신성Assurance, 반응성Responsiveness, 공감성Empathy을 최대화하기 위해서는 결국 인적자원의 서비스 품질이 호텔기업의 경쟁력을 좌우한다고 할 수 있다. 따라서 자동화나 기계화로 대체될 수 없는 산업의 특성을 가진 호텔산업에서는 인적자원에 대한 의존도가 매우 높다고 할 수 있다.

2) 높은 초기 투자비용

호텔산업은 토지의 확보, 호텔 건물의 건축, 내부시설 등을 완전히 갖추어서 사업을 시작해야 하고, 이러한 부분에 투자되는 비용이 상당히 높은 편이기 때문에 초기투자 비용이 다른 산업에 비해 매우 높다고 할 수 있다.

이러한 상황이기 때문에 호텔산업은 시장 진입장벽Market Entry Barriers이 다른 관광 사업에 비해 매우 높은 편이라고 할 수 있을 뿐만 아니라, 만약에 호텔의 사업이 지속적으로 영위되지 않으면 유형적인 건물을 다른 사업으로 전환하는데 드는 비용이 매우 높기 때문에 매몰비용Sunk Cost이 매우 높은 관광사업의 유형이라고 할 수 있다.

3) 연중무휴 영업

호텔기업은 산업의 특성상 하루 24시간, 1년 365일 휴업을 하지 않고 사업을 해야 하는 특성을 가지고 있다. 따라서 다른 부분도 중요하지만, 특히 인적자원관리가 다른 산업에 비해서 더욱 중요한 산업 중 하나라고 할 수 있다.

이러한 특성으로 인해 호텔리어들은 항상 교대근무를 해야 하기 때문에, 호텔의 입장에서 관리적인 측면의 인건비에 대한 부분을 감안해야 하며, 호텔리어가 제공하는 서비스의 관점에서는 교대근무에서 오는 커뮤니케이션과 관련된 미스커뮤니케이션 부분을 항상 확인해야 한다.

4) 글로벌화 된 산업 특성

다른 산업에 호텔산업은 매우 글로벌화 된 산업이라고 할 수 있다. 글로벌화Globalization에 관한 정의는 다양하지만, 일반적으로 세계경제시스템이 하나로 통합되는 현상을 보이는 것으로 정의할 수 있는데, 정보통신기술의 발전, 무역장벽의 감소 등으로 인해 국가별 국경에 관한 경계가 점점 약해지고 있는 상황에서 국제관광 인구는 빠르게 증가하고 있다.

이러한 상황으로 인해 글로벌화 된 파워브랜드를 가진 Hyatt, Hilton, Marriott 등 규모가 큰 호텔기업들이 세계호텔산업에서의 점유율을 높이고 있으며, 산업 전체적인 관점에서 보더라도 호텔산업은 다른 산업에 비해 상대적으로 글로벌화 된 산업 중 하나라고 할 수 있다.

호텔산업이 가장 글로벌화 된 산업 중 하나가 된 것은 전 세계에 걸쳐서 대부분 글로벌 체인 브랜드들이 프랜차이즈Franchise 형태로 시장에 진입하기 때문에, 다수의 글로벌 호텔체인 브랜드들이 각 대륙별로 많은 나라에 진출해 있다. 이러한 점이 주는 시사점은 비교적 다른 산업에 비해 호텔산업은 호텔에서 고객들에게 제공되는 서비스가 상당히 표준화Standardization되었다는 것을 의미한다고 할 수 있다.

이렇게 전 세계에 위치하고 있는 다수의 호텔들을 본사Headquarters에서 통제하기 위해서는 표준화된 매뉴얼을 제시하지 않고는 통제Control의 어려움이 크기 때문에, 구조적으로 호텔서비스는 세계적인 외식 브랜드인 맥도날드와 유사하게 비교적 다른 산업에 비해서 표준화된 서비스를 고객들에게 판매한다고 할 수 있다.

또한 다른 관점으로 접근해 보면 해외 직접투자Foreign Direct Investment 이론 기업들의 해외 직접투자 동기와 관련하여 호텔산업의 글로벌화를 이해할 수도 있다.

해외 직접투자이론의 기업들의 해외 직접투자 동기 중 하나인 전략적 대응Strategic Interaction과 관련하여 세계적인 글로벌 체인브랜드를 보유한 호텔기업들의 경우에는, 어떠한 특정 기업의 브랜드가 다른 시장에 진출하면 일정부분은 상대 브랜드의 견제를 위해서 그 시장에 빠른 시간 안에 같이 자사의 브랜드를 진출시키는 경향이 있을 수 있기 때문에, 호텔산업은 산업의 특성상 글로벌화가 매우 잘 이루어진 산업이라고 말할 수 있다.

또한 이러한 경향은 향후 더욱 가속화 될 것으로 예측되며, 최근 우리나라에도 기존에 진출하지 않았던 콘래드, 포시즌스 등 세계적인 호텔 체인브랜드가 진출하였으며, 이러한 경향은 고용적인 측면에서는 우리나라에 긍정적인 영향을 미친다고 할 수 있다.

세계적인 체인 브랜드의 관점에서 보면, 우리나라는 본국이 아닌 현지국의 입장이기 때문에, 호텔산업의 특성상 대부분의 실무와 관련된 인적자원의 선발은 본국에서 직접 파견하지 않고 현지국에서 채용이 이루어지기 때문에, 현지국의 입장에서는 세계적인 글로벌 체인호텔 브랜드의 자국 진출이 고용창출의 긍정적인 영향을 미친다고 할 수 있다. 이에 따라서 같이 수반되어야 하는 문제는 어느 정도 수준의 서비스 품질을 고객들에게 제공할 것이며, 호텔에서 근무하는 인적자원들에게 이러한 서비스의 교육 및 훈련을 어떠한 방법으로 전달할 것인가가 호텔서비스와 관련하여 호텔의 본사에서 가장 많이 생각해 볼 수 있는 문제인 것이다.

03 호텔업의 분류

「관광진흥법」에서 제정한 관광숙박업의 분류와 호텔업과 관련된 정의는 다음과 같다.

1) 법규에 의한 분류

호텔업은 관광호텔업 · 수상관광호텔업 · 한국전통호텔업 · 가족호텔업의 4가지로 분류되고 있으며, 관광호텔업은 다시 종합관광호텔업과 일반관광호텔업으로 나눌 수 있다. 「관광진흥법」상에서 호텔업은 다음과 같이 정의된다. "관광객의 숙박에 적합한 시설을 갖추어 이를 관광객에게 제공하거나 숙박에 부수되는 음식 · 운동 · 오락. 휴양 · 공연 또는 연수에 적합한 시설 등을 함께 갖추어 이를 이용하게 하는 업이다."

(1) 종합관광호텔업

관광객의 숙박에 적합한 시설을 갖추어 이를 관광객에게 이용하게 하고 숙박에 부수되는 음식 · 운동 · 오락 · 휴양 · 공연 또는 연수에 적합한 시설 등(이하 "부대시설"이라 한다)을 함께 갖추어 이를 관광객에게 이용하게 하는 업을 말한다. 종합관광호텔업의 등록기준은 욕실 또는 샤워시설을 갖춘 객실이 30실 이상이어야 하며, 외국인에게 서비스 제공이 가능한 서비스체제를 갖추어야 한다. 또한 부동산의 소유권 또는 사용권이 있어야 한다.

(2) 일반관광호텔업

관광객의 숙박에 적합한 시설을 갖추어 이를 관광객에게 이용하게 하거나 숙박에 부수되는 음식 · 운동 · 휴양 또는 연수에 적합한 시설을 갖추어 이를 관광객에게 이용하게 하는 업을 말한다. 일반관광호텔업의 등록기준은 욕실 또는 샤워시설을 갖춘 객실이 30실 이상이어야 한다. 외국인에게 서비스 제공이 가능한 서비스 체제를 갖추고 있어야 하며, 「관광숙박시설 등에 관한 특별법」의 규정에 의한 지정 숙박업자의 지정기준을 갖추고 있어야 한다.

(3) 수상관광호텔업

수상에 구조물 또는 선박을 고정하거나 계류시켜 놓고 관광객의 숙박에 적합한 시설을 갖추거나 부대시설을 함께 갖추어 이를 관광객에게 이용하게 하는 업을 말한다.

(4) 한국전통호텔업

한국전통의 건축물에 관광객의 숙박에 적합한 시설을 갖추거나, 부대시설을 함께 갖추어 이를 관광객에게 이용하게 하는 업을 말한다.

(5) 가족호텔업

가족단위의 관광객의 숙박에 적합하도록 숙박시설 및 취사도구를 갖추어 이를 관광객에게 이용하게 하거나, 숙박에 부수되는 음식 · 운동 · 휴양 또는 연수에 적합한 시설을 함께 갖추어 이를 관광객에게 이용하게 하는 업을 말한다.

(6) 휴양콘도미니엄업

관광객의 숙박과 취사에 적합한 시설을 갖추어, 이를 당해시설의 회원 · 공유자 · 기타 관광객에게 제공하거나 숙박에 부수되는 음식 · 운동 · 오락 · 휴양 · 공연 또는 연수에 적합한 시설 등을 함께 갖추어 이를 이용하게 하는 업을 말한다.

2) 규모에 의한 분류

호텔의 규모에 의한 분류는 일반적으로 소규모 호텔은 150실 이하, 중규모 호텔은 150실 이상 300실 미만, 대규모 호텔은 300실 이상으로 구분하지만, 대부분의 호텔이 300실 이상의 대규모 형태로 호텔을 운영하고 있다.

3) 입지에 의한 분류

(1) 도시 호텔

도시 호텔City Hotel은, 비즈니스와 쇼핑 등의 목적으로 운영되는 도시의 중심가에 위치한 호텔로 상용과 공용 혹은 도시를 방문하는 관광객들이 많이 이용하고 있다.

(2) 휴양지 호텔

휴양지 호텔Resort Hotel은 휴식 · 보양 · 여가를 목적으로 여행하는 관광객을 대상으로 하는 호텔로써, 휴식과 심신을 단련할 수 있는 시설을 갖추고 관광객을 유치하고 있으며, 시설이나 규모가 대형화되고 있는 추세이다.

(3) 터미널 호텔

터미널 호텔Terminal Hotel은 주로 공항 · 철도역 · 항구 주변에 위치한 호텔로써 교통수단을 이용하는 여행객들을 대상으로 하는 호텔이다. 이와 같이 터미널 호텔은 교통수단이 항공 · 선박 · 철도 · 버스 등이 출발하고 도착하는 곳의 부근에 위치하므로, 관광객은 물론 교통기관의 승무원들이 자주 이용하게 되는 호텔이다.

4) 숙박 목적에 의한 분류

(1) 상용 호텔

상용 호텔Commercial Hotel은 주로 도심지 및 상업지역에 위치하여 사업상 혹은 사교 등의 목적을 가진 투숙객 및 방문객을 대상으로 하는 호텔이다.

(2) 거주형 호텔

거주형 호텔Residential Hotel은 보통 1개월 이상 장기 체류객을 대상으로 하는 주택형 호텔을 말한다.

(3) 카지노 호텔

카지노 호텔Casino Hotel은 호텔 내에 부대시설로써 도박시설Gambling을 갖추어 놓고 도박을 위한 고객을 유치하는 호텔을 말한다.

04 호텔업의 기능

1) 숙박 및 식음료서비스 기능

거주지를 떠나 여행하는 사람들에게 고객의 능력과 취향에 따라 다양한 숙박 및 식음료서비스를 제공하는 기능을 말한다.

2) 비즈니스서비스 기능

상담 · 회의 · 전시 · 교역전 등의 장소를 제공하고, 비즈니스를 위하여 호텔을 이용하는 고객들의 편의를 위한 비즈니스 정보교환과 비서업무 등의 서비스를 제공하는 기능을 의미한다.

3) 스포츠 · 레저 기능

고객들에게 놀이 · 위락 · 기분전환 등의 정서함양을 위한 서비스를 제공하는 기능이다.

4) 문화서비스 기능

고객을 위한 부가적인 서비스로서 향상된 고객의 지적 수준과 다양해진 고객의 취미활동을 위하여 기본적인 기능 이외에 교육 · 예술 · 공예 · 학습 등의 문화적인 서비스를 제공하는 기능을 말한다.

05 호텔 글로벌화가 호텔산업에 미치는 영향

글로벌 경쟁환경 하에서의 호텔의 특성을 잘 이해하고 있는 세계적인 대형 호텔 체인들은 신속한 자원의 공유와 위험을 분산하여 경쟁우위를 확보하기 위해 현지 파트너들과의 전략적 제휴Strategic Alliances를 활발하게 시도하고 있다.

또한 글로벌화의 가속화와 국제관광산업의 촉진으로 인해 유명한 브랜드를 보유한 세계적인 체인호텔들은 자사의 브랜드에 대한 글로벌화를 최대한 촉진시켜 같은 상품의 호텔네트워크를 통한 성과향상을 추구한다. Hilton, Hyatt, Marriott 등과 같이 글로벌 네트워크를 형성하고 위탁경영Management Contract이나 프랜차이즈 형태로 운영되고 있는 호텔과 신라호텔, 롯데호텔 등과 같이 국내에서 독자적인 브랜드를 형성하고 있는 호텔들과는 여러 가지 관점에서 차이점이 있다.

세계적인 체인호텔들은 세계를 단일시장으로 인식하면서 세계 여러 지역에서 서비스의 표준화를 유지함으로써 고객의 지속적인 신뢰를 유지하고 이러한 신뢰를 바탕으로 특화된 브랜드와 호텔기업으로서의 고유한 이미지를 유지하려고 한다.(Kusluvan and Karamustafa, 2001; 구태회, 2007, p.13에서 참조하여 재인용) 즉 글로벌전략적인 차원에서 전 세계를 동일시장으로 보고 표준화된 같은 상품을 제공하는 글로벌전략Global Strategy을 구사한다.

한편, 지역 내에서 독자적인 브랜드를 보유한 독립호텔들은 글로벌전략을 구사하는 체인호텔들과 경쟁하기 위하여 현지화 된 상품과 서비스를 특화시킨다. 즉 글로벌 전략적인 관점에서 현지화 전략Multidomestic Strategy을 구사한다. 물론, 글로벌 전략적인 관점에서 완전한 글로벌 전략이나 현지화 전략을 구사하는 다국적기업들은 존재하지 않고 모든 기업들이 글로벌 전략적인 측면과 현지화 전략적인 측면이 모두 포함되어 있지만, 어느 부분에 초점을 맞추느냐에 따라 글로벌 전략의 유형을 현지화 전략Multidomestic Strategy, 글로벌 전략Global Strategy, 초국적 전략Transnational Strategy 등으로 분류할 수 있다.

자본집약적인 생산방식과 규모의 경제의 중요성 증대, 교통·정보통신·첨단기술 등 기술의 발전, 전 세계 소비자 취향의 동질화 경향, FTAFree Trade Agreement의 활성화 등으로 인한 세계 무역장벽의 감소 등으로 인해 글로벌화가 더욱 촉진되고 있는 현실에서, 호텔산업은 향후 그 전망이 매우 밝은 산업이라고 할 수 있다.

이러한 글로벌화의 촉진은 국가 간의 경계를 약하게 하며 이로 인해 더욱 많은 사람들이 관광과 사업적인 목적으로 다른 국가의 방문이 빈번해지기 때문에, 글로벌화와 더불어 호텔산업은 더욱 발전하게 된다. 따라서 글로벌화와 호텔산업은 매우 밀접한 관계를 가지고 있다고 할 수 있다.

세계적인 유명 브랜드를 보유한 호텔기업들은 크게 세 가지 전략으로 시장진입을 모색하였다.(구태회, 2007, p.41) 첫째, 동일브랜드 호텔 수를 늘림으로써 자국 내에서 경쟁력을 강화시킨다. 둘째, 국내 및 국외에서 틈새시장을 충족시킬 다른 수준의 호텔브랜드를 지속적으로 개발한다. 셋째, 해외에 있는 신규시장을 개척하기 위해 호텔 브랜드마다 동일한 서비스 수준과 상품력을 구축한다. 혁신적인 호텔기업일수록 시기에 따라 이상의 세 가지 전략을 한 가지씩 번갈아가면서, 또는 일괄적으로 그 모두를 다 적용하여 글로벌시장으로 진입을 시도하고 있다.

06 현대호텔의 발전현황

미국의 호텔경영사에서 중요한 점은 제2차 세계대전 후 Sheraton과 Hilton의 등장이다. Hiton호텔의 창업인인 Hilton은 Statler와 같이 작업의 능률화를 강조하면서 호텔을 새로 건립하기보다는 기존의 호텔들을 매입하여 개조하며 초기 투자비용을 최소화하면서 최대의 이익을 추구하였다.

Sheraton호텔의 창업인인 Henderson은 기존의 호텔을 매입하여 개 · 보수하면서 호텔의 가치를 향상시켜나갔다. Sheraton호텔은 현재 Starwood Hotels & Resorts Worldwide사에 인수되어 하나의 브랜드로 운영되고 있다.

한편, Holiday Inn은 Wilson에 의해 창업되었다. Wilson은 Statler 이후 일반인들에게 싸고 편리한 숙박시설을 제공하면서 자동차 여행자들의 호텔이용에 일대 혁신을 가져다주면서 1976년에 25개국에 1,700여 개의 모텔과 호텔을 운영하였다. 그 중 약 20%는 직영이며, 나머지는 프랜차이즈 형태로 운영하였다. Holiday Inn은 현재 프랜차이즈 경영회사인 Six Continents Group의 핵심 브랜드로서 전 세계에 약 1,500개의 호텔을 운영하고 있다.

Hyatt호텔은 1957년 Pritzker가 미국 로스앤젤레스 공항 부근의 소규모 호텔을 구입하여 개관하였는데, 지금은 전 세계에 걸쳐 200개 이상의 호텔이 분포되어 있다. Hyatt호텔의 등급 종류는 Park Hyatt, Grand Hyatt, Hyatt Regency,

Hyatt Resort의 4가지 형태이다.

Marriott는 1957년 360개의 객실을 가진 모텔을 미국 워싱턴 DC에 개관하였다. 모텔의 디자인과 위치는 모텔업의 즉각적인 성공을 가져왔는데, 이후 호텔 임대, 인수·합병 등을 통하여 오늘날 거대한 사업체로 성장하였다. 또한 숙박업뿐만 아니라 외식산업, 숙박산업, 레저산업, 여행업 등의 사업다각화로 미국 내 최대 관광업체로 성장하였다. 1995년에는 세계적인 브랜드 가치를 가진 Ritz Carlton을 인수하였고, 1997년에는 르네상스 호텔그룹을 인수하였다.

현재 Marriott Hotel Group은 Marriott Hotel, Suites by Marriott, Fairfield Inn, Residence Inn, Courtyard by Marriott의 세분화된 5개의 브랜드를 운영하고 있다.

미국 Arizona주 Phoenix에 본사를 둔 Bestwestern은 1946년 Guertin에 의해 창업되었으며, 전 세계 약 80여 개국에 4,000여 개 이상의 호텔을 보유한 세계 최대의 호텔브랜드이다. 고급스러운 호텔체인은 아니지만, 합리적인 가격과 일정수준 이상의 서비스를 제공하고 고객들의 신뢰를 높이고 있으며 매년 성장하는 추세를 보이고 있다.

한편, 우리나라의 호텔발전사를 살펴보면, 우리나라 최초의 호텔은 1888년에 인천 서린동에 설립된 '대불호텔'이다. 벽돌로 지어진 객실 11실의 3층 건물이었으며, 당시 가장 고급으로 지어진 건물로 우리나라를 찾는 외국인을 수용하기 위한 양식호텔이었다.

그 후 근대에 들어서 1936년에 상용호텔인 '반도호텔'이 등장하였다. 반도호텔은 8층 콘크리트 건물로써 객실 111실을 보유하고 있었다. 1963년 경제개발 시대에 건립된 워커힐호텔은 국제친선과 외화획득을 주목적으로 한 주한 UN군의 휴양을 위한 리조트호텔로서 당시 동양최대의 호텔로 개관하였다.

그 후 정부의 호텔 민영화 정책으로 1973년 워커힐호텔은 선경그룹에서 인수하였으며, 미국의 Sheraton Group과 프랜차이즈계약을 맺고 증축하여 1978년 7월 신규호텔로써 Sheraton Walker Hill이 탄생하게 되었다. 그 후 1980년대에는 국민관광과 국제관광의 조화를 이룬 발전, 서비스 수준의 향상, 국제회의 유치, '86아시안게임과 '88서울올림픽 등을 통하여 우리나라 호텔산업도 일대 도약을 하게 된다. 특히 이 시기에 국내 대기업들의 호텔사업 진출이 본격적으로 시작되었고, 국제적인 체인호텔들이 우리나라로 대거 진출하면서 호텔산업의 부흥기를 맞이하게 된다.(최병호 외, 2004, pp.30~37을 기초로 정리)

07 호텔의 경영형태

일반적으로 호텔의 경영 형태는 단독경영호텔Independent Management Hotel, 체인호텔Chain Hotel, 리퍼럴경영호텔Referral Group Hotel, 임차경영호텔Lease Management Hotel 등으로 분류할 수 있다.

(1) 단독경영호텔

단독경영호텔Independent Management Hotel은 위탁경영수수료와 브랜드 사용 수수료 등의 비용지출이 필요하지 않고, 현재 호텔의 기업이미지 형성을 통한 마케팅이 가능한 장점이 있지만, 글로벌한 차원에서의 인지도와 마케팅 등에서의 어려움이 있다.

(2) 체인호텔

세계적인 브랜드를 보유한 체인호텔Chain Hotel들은 오랜 기간 축적된 경영노하우를 바탕으로 수수료를 받거나 일정지분에 대하여 참여하는 형식으로 호텔을 운영한다. 체인호텔은 공동마케팅과 예약망 이용 가능, 규모의 경제를 이용한 비용절감, 브랜드의 활용 등의 장점이 있지만, 경영의 독립성 상실, 계약기간에 대한 부담, 로열티와 수수료 지급, 본사 브랜드 이미지에 따른 운영의 의존도 상승 등의 단점이 있다. 체인호텔은 위탁경영 방식과 프랜차이즈 운영 방식으로 나눌 수 있다.

① 위탁경영Management Contract

위탁경영 방식은 소유주가 직접 호텔운영에 어려움이 있을 때 체인본부와 계약에 의해 모든 경영권을 넘겨주고 핵심적인 인적자원들이 경영호텔로부터 파견되어 위탁경영 되는 방식이다. 위탁경영 방식과 프랜차이즈의 차이점은 위탁경영은 호텔소유주의 경영권이 상실된다는 점이다.

위탁경영은 소유와 경영이 완전히 분리된 호텔의 운영형태로 호텔마다 차이는 있을 수 있지만, 일반적으로 체인본사가 호텔 고정자산에 대한 투자 및 호텔경영에 관한 재무적인 위험부담까지 책임지는 형태로 소유자는 이익금만 가져가게 된다.

② 프랜차이즈

프랜차이즈Franchise 경영은 위탁경영 방식과 유사한 부분도 있지만, 체인본부인 Franchisor와 가맹점인 Franchisee의 관계가 서로 상호지원적인 관계라고 할 수 있다. Franchisee는 Franchisor의 상호 및 상표를 사용하고, 일정 정도의 로열티Royalty를 지급하는 경영방식이다. 프랜차이즈 형태의 호텔은 경영은 소유주가 하는 형태라는 점이 위탁경영 형태와 다른 점이라고 할 수 있다.

프랜차이즈의 장점은 본사와 동일한 운영시스템과 브랜드의 사용, 표준화된 제품 제공, 온라인을 통한 중앙예약시스템의 활용, 종업원의 교육과 훈련에 대한 지원 등이 있다. 하지만, 프랜차이즈 가입비, 로열티, 독자적인 상품개발 및 판매활동의 제한, 계약조건에 따른 법적 분쟁가능성 등의 단점이 있다.

(3) 리퍼럴경영호텔

체인호텔들은 전문화된 경영을 통한 신규시장 개척, 중앙예약시스템 등을 활용해서 사업을 확장하였는데, 이에 비해서 단독경영호텔은 현지화 된 전략을 구사하지만, 여러 가지 측면에서 한계점에 부딪혀 어려움을 겪게 된다.

이렇게 어려움을 겪는 단독경영호텔들은 프랜차이즈 호텔과 경쟁하기 위하여 상호 협력을 목적으로 연합조직을 결성하였는데, 이것이 리퍼럴경영호텔 Referral Group Hotel이다. 리퍼럴경영호텔들은 체인 및 프랜차이즈 호텔들과 경쟁할 수 있고 글로벌한 공동예약시스템 등을 운영하여 경쟁력을 가질 수 있다. 또한 호텔경영의 독립성을 유지하면서 공동마케팅 등을 통하여 이윤을 추구할 수 있는 장점이 있다.

(4) 임차경영호텔

임차경영호텔Lease Management Hotel이란, 토지 및 건물의 투자에 대한 자금조달 능력을 갖추지 못한 호텔기업이 제3자의 건물을 계약에 의해서 임대하여 호텔사업을 운영하는 방식이다. 일반적으로 임차경영호텔은 건물 내부에 대한 투자는 호텔기업이 부담하고, 임차료는 사전에 결정된 일정한 액수를 소유주에게 지급한다.

임차경영의 장점은 호텔기업의 입장에서는 초기에 투자되는 많은 호텔건설 비용을 들이지 않고 건물을 임대하여 호텔을 운영할 수 있는 장점이 있다. 건물 소유주의 입장에서는 경영성과와 상관없이 고정된 임대료 수입을 얻을 수 있는 장점이 있다.

CHAPTER 02

호텔서비스의 이해

호텔서비스 실무 Hotel Service

01 호텔서비스의 이해

1) 서비스의 정의 및 특성

최근 정보통신서비스의 확산 및 일반화와 더불어 서비스 및 서비스 산업의 중요성이 더욱 커지고 있다. 따라서 기업차원에서 뿐만 아니라 우리의 일상생활에서도 서비스는 그 중요성이 계속해서 증대되고 있을 뿐만 아니라, 새로운 서비스들로 인해 우리의 일상생활도 많은 변화를 가져오고 있으며, 이러한 경향은 향후 가속화될 것으로 예측된다.

이러한 환경 하에서 기업들은 서비스가 기업의 경쟁력을 좌우하는 매우 중요한 요인으로 자리잡아가고 있기 때문에, 서비스에 대한 중요성을 인식하여 서비스 기업뿐만 아니라 제조기업들도 제품을 생산하는 데에만 그치지 않고 새로운 서비스들을 창출하려고 노력하고 있다. 따라서 소비자들은 이전에 한 번도 접하지 못했던 새로운 서비스에 노출됨으로써, 이러한 서비스의 품질을 평가하는데 다소 어려움을 겪고 있다.

먼저, 서비스Service에 대한 정의를 살펴보면, 우리가 일상생활에서 사용하는 서비스에 관한 정의는 매우 다양하다고 할 수 있다. 예를 들어, "이 물건을 하나 서비스로 드립니다."의 의미는 어떠한 제품을 구입할 때 무료로 하나 준다는 의미이고, "직원들의 서비스가 좋습니다."의 의미는 직원들이 고객을 대하는 자세와 태도가 좋다는 의미이다.

하지만 이러한 서비스에 대한 해석은 매우 좁은 의미의 해석이라고 할 수 있다. 간단히 말해서 서비스는 행위Deeds, 과정Process 및 그 결과인 성과Performance라고 할 수 있는데, 호텔 · 병원 · 은행 등의 서비스도 고객을 위해 종업원이 수행하는 행위이다.

이와 같이 넓은 의미로 서비스를 정의할 때, 서비스는 서비스업에서 제공될

뿐만 아니라 여러 제조업에서 제품과 결합되어 제공되고 있음을 알 수 있다. 예를 들어, 자동차회사는 판매 차량에 대해 보증 및 수리서비스를 제공하는데, 이러한 예도 행위, 과정, 성과의 예라고 할 수 있다.

위에서 정의한 대로, 간단하면서도 넓은 의미의 서비스 의미와 더불어 서비스의 정의가 다양함을 인지하고 있으면, 서비스를 정의할 때 생길 수 있는 혼동이나 의견의 불일치를 이해할 수 있다.

위에서 언급된 넓은 의미의 정의와 부합할 수 있는 정의는, 서비스는 산출물이 물적인 제품이나 구조물이 아니며, 일반적으로 생산되는 시점에 소멸되고 구매자에게 무형적인 형태의 가치를 제공하는 모든 경제적인 활동을 포함한다고 할 수 있다.

서비스의 다양한 의미와 관련된 정의는 아래와 같다.

몰라서 못 쓴 특급호텔 서비스

사례 1 국내고객, 몰라서 이용 못하는 호텔서비스 다수
무제한 술, 디저트, 미팅룸 이용, 클럽라운지
집사 역할 대신하는 컨시어지, 렌트카 픽업도

1인당 7만 원씩만 더 내면 조식은 기본, 무제한 술과 각종 디저트에 미팅룸도 이용할 수 있다?

최근 호텔 문턱이 낮아지면서 국내호텔을 찾은 내국인이 늘어나고 있다. 하지만 이용하는 서비스는 '야외수영장, 저녁 뷔페, 조식' 등이 고작이다. 호텔관계자들은 많은 국내고객들이 '컨시어지' 같이 무료이거나 '클럽라운지'처럼 가격 대비 서비스가 좋은 시설들을 놓친다고 지적한다.

술, 디저트가 무제한? 알면 못 지나치는 '클럽라운지'

특급호텔에는 '클럽라운지(Club Lounge)' 또는 '이그제큐티브라운지(Executive Lounge)' 라고 불리는 층이 있다. 대부분 가장 전망이 좋은 층에 자리한다. 호텔마다 규정이 다르긴 하지만, 클럽층 객실을 예약하거나 일반객실에 투숙하더라도 1인당 7만 원 정도를 내면 이용할 수 있다. 롯데호텔서울은 본관 31층과 신관 27층에 각각 클럽라운지를 운영하고 있다. 클럽층에서 매일 4회에 걸쳐 식음료가 제공된다. 조식 뷔페를 시작으로 라이트 스낵, 애프터눈 티, 칵테일 아워 등의 순서로 진행된다.

각 서비스가 한 시간 차이로 진행되기 때문에 사실상 하루 종일 식음료를 제공한다고 보아도 무방하다. 이외에도 22명까지 이용할 수 있는 2개의 대회의실을 비롯해 회의실 4개, 도서관 등이 구비되어 있다. 몸이 피곤하면 마사지 기능이 장착된 안마의자를 비롯하여 산소발생기, 적외선램프, DVD플레이어, CD플레이어, 에스프레소 머신 등이 구비된 리프레싱룸에 들어가 안마를 받을 수도 있다. 서울 신라호텔에서는 호텔 최고층인 23층에 이그제큐티브 라운지를 운영한다. 양쪽 면이 모두 전면 창으로 구성되어 있어 확 트인 조망을 감상하며 식사와 업무 등을 즐길 수 있다.

'더 플라자호텔'은 18층에 클럽라운지를 운영하고 있다. 투숙객들은 프런트데스크를 이용하는 일반고객과는 달리 전담직원을 통해 신속하게 체크인 - 아웃 서비스를 받을 수 있다. 오전 10시까지 제공되는 조식은 기본이며 하루 종일 신선한 과일과 핑거푸드, 음료가 무제한 제공된다. 저녁에는 술이 공짜다. 주종도 레드와인, 맥주, 럼주, 보드카, 칵테일 등 30가지로 다양하다.

자료 ❙ 이데일리, 2015.6.4

(1) 서비스의 정의

위에서 언급한대로 서비스에 대한 정의는 매우 다양하다고 할 수 있는데, 학문적으로 접근해 보면, 경영학에서 서비스에 관한 연구는 1960년대 초반부터 시작되었다. 서비스에 대한 연구 초기에는 제품과 서비스의 특성 및 서비스마케팅의 적용에 관한 연구가 활발하게 이루어졌으며, 1990년대부터는 보다 체계적으로 서비스에 관한 이론과 전략적인 측면에서 서비스의 중요성에 관한 연구가 이루어지고 있다고 말할 수 있다.

서비스의 활동론적인 정의를 살펴보면, 미국마케팅학회(1960)는 서비스를 "판매 목적으로 제공되거나 상품 판매와 연계하여 제공되는 모든 활동, 편익, 만족"이라고 정의하였다.

한편, 상호관계론적인 관점에서 대부분의 경우, 서비스는 고객이 서비스 제공자와 상호작용을 하게 된다. 따라서 서비스란 "무형의 성격을 띠는 일련의 활동으로써 고객과 종업원의 상호관계에서부터 발생하여 고객의 문제를 해결해 주는 것"이라고 할 수 있다.

(2) 서비스의 특성

서비스는 제품과는 다르게 서비스만의 여러 가지 특성을 가지고 있는데, 무형성, 이질성, 소멸성, 비분리성 등의 특성을 가지고 있으며, 각각의 특성에 관한 설명은 다음과 같다.

① 무형성

무형성Intangibility은 서비스의 특성 중 가장 대표적인 특성으로, 일반 제품들은 구매 이전에 소비자들이 제품을 시험해 보거나 만져볼 수 있지만, 서비스는 무형적인 특성을 가지고 있기 때문에 미리 시험해 보거나 만져볼 수 없는 특성을 가지고 있다.

예를 들면, 여행사의 관광상품의 경우, 소비자들은 브로슈어나 관광 가이드의 경험 효과 등을 통해서만 제한적으로 정보를 접할 수 있으며, 호텔의 객실이나 항공사의 좌석과 같은 경우도 소비자들은 서비스를 구매하기 전에 미리 서비스를 접할 수 없다.

이와 같이, 서비스의 특성 중 무형성은 두 가지 의미를 내포하고 있다고 할 수 있는데, 첫째는 실체를 보거나 만질 수 없다는 객관적인 의미이고, 둘째는 이렇게 서비스는 보거나 만질 수 없기 때문에 그 서비스에 대해서 상상하기가 어렵다는 점이라고 할 수 있다.

이러한 서비스의 특성 중 무형성이 우리에게 주는 시사점을 몇 가지 살펴보면, 호텔의 경우 서비스를 받기 전에는 고객들이 그 호텔의 서비스 수준을 모르기 때문에 호텔의 유형적인 측면을 보고 그 호텔의 서비스 수준에 대한 기대수준을 갖게 된다고 할 수 있다. 무형성과 관련하여 또 하나 중요한 점은, 완전히 유형적이거나 완전히 무형적인 서비스나 제품은 존재하지 않는다는 점이다.

서비스의 특성이 무형성이지만, 유형적인 부분도 존재하지만 무형적인 특성이 더 강하기 때문에 무형성이라는 특성을 가지고 있다고 할 수 있다. 호텔의 경우도 호텔의 유형적인 시설이나 객실의 침대, 가구, 소모품 등이 유형적이지만, 호텔서비스의 특성은 무형성의 특성이 더욱 초점이 맞춰져 있기 때문에 무형성의 특성을 가지고 있다고 할 수 있다.

② 이질성

서비스의 이질성Heterogeneity이란, 서비스의 생산 및 인도 과정에는 여러 가지 가변적인 요소가 많기 때문에 한 고객에 대한 서비스가 다른 고객에게 제공되는 서비스 품질과 다를 수 있다는 것을 의미한다.

예를 들면, 같은 서비스 기업의 종업원일지라도 각각 제공되는 서비스의 품질은 달라질 수 있다고 할 수 있다. 기업들은 이러한 서비스의 이질성을 통해서 위기와 기회를 함께 맞을 수 있는데, 서비스 품질의 균일화가 어렵기 때문에 기업으로서는 어떻게 하면 서비스의 품질을 일정수준 이상으로 유지시킬 것인가와 표준화시키는가에 대해서 많은 고민을 하게 된다.

호텔 객실의 경우에도, 같은 객실이지만 어제 객실에 투숙했던 고객과 오늘 객실에 투숙하는 고객이 느끼는 품질 및 만족도는 차이가 있을 수 있다. 제품의 경우에는 이러한 품질의 차이가 거의 없다고 할 수 있지만, 서비스의 경우에는 고객에게 서비스가 제공되면서 다양한 변수가 작용하기 때문에 이질성의 특성을 가지고 있다고 할 수 있다. 이러한 이유로 인하여 서비스 품질Service Quality 및 서비스 표준화Service Standardization가 중요한 부분으로 작용되고 있으며, 현실적으로 정확하게 서비스 품질을 측정하는 것은 불가능하다고 할 수 있다.

③ 소멸성

소멸성Perishability이란, 서비스는 일반 재화와는 다르게 재고에 대한 저장이 불가능하다는 의미이다. 일반 재화의 경우는 재고에 대한 저장이 가능하기 때문에, 오늘 판매하지 않으면 내일 판매가 가능하지만, 항공사의 좌석이나 호텔의 객실 같은 경우에는 저장했다가 수요가 있을 때 다시 판매하는 것이 불가능하다는 의미이다.

호텔의 경우, 호텔이 일 년 내내 보유하는 객실의 수는 일정하지만, 성수기에는 객실이 가득 차거나 혹은 객실이 모자랄 수도 있지만, 비수기에는 고객이 없어 객실이 많이 비어있을 수 있는데, 이렇게 비어있는 객실을 저장했다가 성수기에 사용할 수는 없다.

따라서 호텔이나 항공사의 경우에는 고객의 No-Show는 기업의 운영에 매우 큰 손실을 가져올 수 있다. No-Show란, 고객이 미리 예약을 한 후 예약된 시간에 아무런 연락 없이 나타나지 않는 것을 의미하는데, 최근 No-Show와 관련된 부분이 호텔, 항공사, 외식업체 등에서 중요한 주제가 되고 있다.

④ 비분리성

비분리성Inseperability이란, 서비스의 생산과정에서 소비가 동시에 이루어지는 것을 의미하는데, 제품의 경우는 생산이 먼저 되고 나중에 판매될 수 있지만, 서비스는 서비스의 제공과정에서 서비스를 제공받는 고객이 존재해야 한다.

No-Show 시달리던 항공사, 식당 갈 때 우리부터 No-show 하지 말자

사례 2 아시아나항공 임직원 1만430여 명이 노쇼(No-Show, 예약부도)를 뿌리 뽑자며 '노쇼제로' 캠페인을 시작했다. 42만 곳의 대중음식점이 회원으로 가입한 한국외식업중앙회와 유명셰프들에 이어 국내 대기업 중에서는 처음으로 노쇼근절 캠페인에 동참하겠다고 나선 것이다.

아시아나항공 김수천 사장은 22일 항공서비스업종도 노쇼에 시달리고 있지만, 돌아보면 나부터 회사 내 회식이나 외부손님과 식사를 할 때 예약을 해놓고도 무심코 부도를 낸 적이 있다며, 아시아나항공 임직원들부터 노쇼를 줄여나가는 캠페인에 나서기로 했다고 했다. 아시아나항공은 지난 12일 사내 인터넷게시판에 "예약부도 제로, 예약은 나에 대한 믿음과 신뢰입니다."라는 제목의 글을 올려 전 임직원들에게 캠페인을 알렸다.

아시아나항공은 우선 식당, 공연장 예약 때 노쇼 안하기 운동을 하기로 했다. 아시아나항공은 또 부서회식이나 송년회 등의 장소 선택권을 쥐고 있는 임원, 간부들이 노쇼 유발자란 지적에 대해 임원, 간부들이 직원과 소통해 예약인원과 장소를 정하고, 일정이 바뀔 경우 미리 음식점 등에 연락하여 피해를 막자는 사내지침을 마련하여 실천하기로 했다고 밝혔다.

김 사장은 사내 게시판을 통해 예약부도의 심각성을 알리고 직원 정기교육 때 노쇼문제 등 소비자의 책임의식을 키우는 내용을 강화하겠다고 말했다.

자료 | 조선일보, 2015.12.23

2) 서비스의 분류

서비스는 다양한 관점에 의해서 여러 가지로 분류될 수 있지만, 주요한 분류 기준을 살펴보면 한국표준산업에 의한 분류, 경제 주체에 의한 분류, 서비스 행위의 본질에 의한 분류, 서비스 프로세스 매트릭스에 의한 분류, 상품체계에 의한 분류 등으로 나누어 볼 수 있다.(이정학, 2014, p.25 참조)

(1) 한국표준산업에 의한 분류

산업 활동의 관점에서 가장 널리 알려지고 가장 많이 사용되는 분류체계는 표준산업분류SIC : Standard Industry Classification이다. 표준산업분류는 한편으로는 소비자의 관점에서 재화나 서비스의 특성이 얼마나 유사한지, 다른 한편에서는 생산자의 관점에서 산출물의 물리적 구성 및 가공단계가 얼마나 비슷하며 생산이나 서비스에 사용된 투입물이 얼마나 유사한지를 고려하여 산업을 나누게 된다.

표준산업 분류의 분류구조 및 부호체계를 간략히 살펴보면, 우리나라의 경우 분류구조는 대분류(알파벳 문자 사용), 중분류(두 자리 숫자 사용), 소분류(세 자리 숫자 사용), 세분류(네 자리 숫자 사용), 세세분류(다섯 자리 숫자 사용)의 다섯 단계로 구분된다. 아래의 표에 요약되어 있는 것처럼, 대분류는 A에서 T까지 20개로 구성되고, 중분류는 63개, 소분류는 194개, 세분류는 442개, 세세분류는 1,121개로 구성된다.

대분류를 살펴보면, 서비스업이 크게 보아 어디에 속하는지 알 수 있고, 이 줄기를 따라 더 내려가면 수많은 작은 가지들을 만날 수 있다. 현재 서비스산업은 분류코드 G-T에 해당한다.(임재화 외, 2014, p.25 참조)

표 2.1 표준산업 분류의 분류도

기 호	대분류	중분류	소분류	세분류	세세분류
A	농업, 임업	2	6	17	29
B	어업	1	2	4	8
C	광업	3	7	12	18
D	제조업	23	71	174	473
E	전기, 가스 등	2	4	6	7
F	건설업	2	7	13	43
G	도 · 소매업	3	21	54	162
H	숙박, 음식	1	2	6	22
I	운수업	4	12	21	48
J	통신업	1	2	5	9
K	금융, 보험	3	5	15	34
L	부동산, 임대	2	5	10	21
M	사업서비스	4	16	29	70
N	행정, 국방 등	1	5	8	25
O	교육서비스	1	5	11	23
P	보건, 복지	2	4	10	22
Q	오락, 문화 등	2	7	21	55
R	공공, 개인	4	11	24	49
S	가사서비스	1	1	1	2
T	국제, 외국	1	1	1	1
	20	63	194	442	1,121

주: 숫자는 분류의 총수

(2) 경제 주체에 의한 분류

경제 주체에 의한 분류는 공공서비스, 개인서비스, 기업서비스 등으로 구분할 수 있다.

(3) 서비스 행위의 본질에 의한 분류

인간의 신체에 제공하는 가시적 행위, 인간의 마음에 제공하는 비가시적 행위,

사물에 대한 가시적 행위, 사물에 대한 비가시적 행위 등으로 구분할 수 있다.

(4) 서비스 프로세스 매트릭스에 의한 분류

서비스공장, 서비스숍, 대량서비스, 전문서비스 등으로 분류할 수 있다.

(5) 상품체계에 의한 분류

순수제품은 제품 위주, 순수서비스는 서비스 위주 등으로 구분할 수 있다.

3) 서비스 산업의 동향

경영환경의 변화와 정보화, 글로벌화Globalization 등으로 인해 산업구조는 많은 변화를 겪고 있다. 이러한 상황 하에서 인터넷을 기반으로 한 정보통신기술의 발전과 다양한 소비자욕구 등으로 인해 서비스 산업은 빠르게 성장하고 있으며, 특히 전통적인 산업경제에서 디지털경제로 전환하는 과정에서 이전에는 없었던 새로운 서비스들이 생겨나면서 서비스의 중요성은 더욱 커져가고 있다.

우리의 일상생활에서도 인터넷과 휴대폰을 기반으로 하는 정보통신서비스, 의료서비스, 금융서비스, 교육서비스, 법률서비스 등 서비스가 없이는 일상생활이 어려운 상황이 되었다고 할 수 있다. 또한 우리나라의 경제적인 구조에서도 제조업만으로 성장하는 데에는 한계점에 부딪힐 수 있으므로, 서비스 산업의 증가와 발전이 필요한 부분이라고 할 수 있다.

우리나라의 서비스 산업의 현황을 살펴보면, 2002년 이후 일시적으로 하락세를 보이다가 다시 증가하여 2007년에 57.6%를 기록하였다. 제조업의 비중은 1988년 30.7%를 최고점으로 하락세를 보여 정체상태라고 할 수 있는데, 2007년에는 27.9%를 기록하였으며 계속 감소하고 있다.

우리나라의 서비스 산업 비중은 지속적으로 증가하고 있지만, OECD에 가입되어 있는 다른 국가에 비하면 낮은 수준이라고 할 수 있다. 2006년 기준으로 우리나라의 서비스 산업 비중은 노르웨이, 터키, 체코 등과 함께 가장 낮은 수준이었지만 빠르게 그 비중이 증가하고 있다.

우리나라와 달리 같은 시점에 미국, 영국, 프랑스 등 주요 선진국의 서비스업 비중은 70%를 초과하였다. 제조업이 발달한 일본, 독일, 핀란드에 비해서도 우리나라의 서비스 산업 비중은 상당히 낮은 편이다.

서비스 산업이 중요한 이유는, 서비스 산업은 제조업을 보완하여 성장 동력이 될 수 있기 때문에, 위에서 언급한대로 OECD 주요국가의 서비스 산업 GDP 비중 및 고용 비중은 70% 이상을 상회하고 있으며, 아웃소싱의 확산, 서비스 교역 확대, 소비의 고급화 등으로 서비스 수요는 증가하고 있는 추세이다.

이러한, 서비스 산업의 성장 배경에는 위에서 언급한대로 인터넷, 휴대폰과 연결된 정보통신기술의 발전, 소비자 욕구 다양화 등의 원인이 있다고 할 수 있다. 또한 서비스 산업은 노동집약적 서비스에서부터 지식기반 서비스에 이르기까지 범위가 매우 넓으며, 각 업종별로 산업의 특성, 성장 잠재력, 경제 기여도 등에서 차이가 크다고 할 수 있다.

02 호텔서비스 기업의 과제

1) 보조서비스의 중요성 증가

최근, 많은 서비스 기업들은 다른 기업들과의 치열한 경쟁으로 인해 고객에게 제공되는 기술적인 수단만으로는 경쟁우위를 창출하고 유지하는데 어려움을 겪을 수밖에 없다. 따라서 서비스 기업들은 다른 경쟁기업에 비해서 경쟁우위를 확보하기 위해서 주서비스와 더불어 보조서비스에 대한 비중을 늘려 보조서비스를 추가하거나 기존의 서비스에 보조서비스를 확장하는 차별화 전략을 많이 구사하게 된다.

예를 들어, 호텔산업의 경우는 호텔의 주된 서비스 중 하나는 객실서비스라고 할 수 있는데, 이러한 객실서비스만으로는 다른 호텔들과 비교해서 경쟁우위를 창출하는데 있어서 어려움을 겪기 때문에, 식음료서비스, 수영장 등 다른 부분에서 서비스에 차이를 두어 경쟁 우위를 확보하기 위해서 노력하고 있다. 항공사의 경우도 고객들을 운송하는 주된 서비스 이외에도 마일리지 서비스와 티켓팅과 관련된 서비스, 고객들이 대기하는데 불편을 덜 하도록 하는 서비스 등 여러 가지 다양한 서비스를 통해서 경쟁우위를 확보하려고 치열하게 경쟁하고 있다.

2) 정보화를 기반으로 한 빠른 환경의 변화

스마트폰의 일반화를 기반으로 한 정보화로 인해 급속하게 변화하는 환경에, 호텔을 포함한 서비스 기업들이 적응하고, 무한경쟁하고 있는 경쟁기업들과의 경쟁에서 경쟁우위를 확보하기 위해서는 이러한 변화에 적합한 경영전략을 구사하는 것이 매우 중요하다.

빠르고 정확한 의사결정을 통한 서비스 기업의 경영전략과 더불어 가장 중요한 부분은 고객에게 최고의 서비스를 제공하기 위한 진심어린 서비스마인드이기 때문에, 이를 실현하기 위한 기업 내부적인 인적자원들의 교육 · 훈련 및 관리가 필요하다.

3) 서비스기업 간의 전략적 제휴

전략적 제휴Strategic Alliances란, 경쟁관계에 있는 기업이 일부사업 또는 기능별 활동부분에서 경쟁기업과 일시적인 협조관계를 갖는 것을 의미한다.

최근 급변하는 경영환경 하에서 서비스기업 간의 시너지 효과Synergy Effect 효과를 내기 위한 전략적 제휴가 활발해지고 있으며, 이는 산업별로도 다양하게 나타나고 있다고 할 수 있다. 항공사와 항공사 간의 코드셰어링Code Sharing이나 호텔 간의 Over Booking시의 객실 확보 등도 전략적 제휴의 예라고 할 수 있으며, 다른 산업군에서의 전략적 제휴도 활발해지는 추세인데, 호텔의 Bell Desk와 공항이나 KTX의 고객의 티케팅과 수하물 배송 등의 원스톱 서비스 등이 그 예라고 할 수 있다.

조금 더 범위를 넓혀보면 호텔, 항공사, 외식업체와 카드사의 제휴도 서비스기업 간의 전략적 제휴라고 할 수 있다. 특히 전략적 제휴에 있어서는 가장 중요한 점이 파트너의 선정이라고 할 수 있다. 파트너 선정 시에는 양립성Compatibility, 능력Capability, 몰입도Commitment 등을 고려하였는데, 양립성이란 전략적 제휴를 하려는 두 기업의 기업문화 및 경영관리 측면에서의 이해가 상반되지 않는가의 문제를 의미한다.

능력이란, 제휴 파트너가 보유하고 있는 경영자원과 핵심역량의 파악을 의미하며, 몰입도란 제휴 파트너가 경영자원을 얼마만큼 열심히 상대 파트너를 위해서 투입하느냐의 의미라고 할 수 있다. 호텔을 포함한 서비스기업 간의 전략적 제휴도 더욱 치열해지고 있는 경영환경과 더불어 더욱 치열해질 것으로 예측된다.

03 호텔서비스와 고객만족

고객만족Customer Satisfaction이란, 고객의 필요와 기대에 부응하여 그 결과로서 제품이나 서비스의 재구입이 이루어지고, 아울러 고객의 신뢰감이 연속되는 상태를 의미한다.

고객만족경영Customer Satisfaction Management이란, 기존 매상고나 이익 증대와 같은 목표와 달리, 고객에게 최대의 만족을 주는 것에서 기업이 존재 의의를 찾으려는 경영방식을 의미한다.(이정학, 2014, p.45)

최근 들어, 개인이나 조직의 리더십Leadership의 중요성이 부각되고 있는데, 서비스에 있어서도 서비스 리더십은 매우 중요한 부분이라 할 수 있다. 리더십의 원천이 명령과 지시, 통제라는 물리적인 힘에서 사람들과 잘 어울리고 그들의 욕구와 문제를 해결해 주는 서비스로 전환되고 있으며, 서비스를 통하여 내부고객의 욕구를 충족시킴으로써 그들의 만족을 이끌어내고 그 만족을 토대로 외부고객의 욕구를 충족시켜 만족을 창출해 나가는 것이 서비스 리더십의 전개방향이라고 할 수 있다.

기존의 리더십은 피라미드형의 수직적인 구조에서 전통적인 힘을 발휘해 왔는데, 네트워크화 된 수평조직에 적합한 리더십은 고객의 욕구충족을 위해 신뢰를 바탕으로 협력하고 지원하는 서비스 리더십이라고 말할 수 있다.

고객만족을 만들어내기 위해서 가장 적합한 조직인 수평적 조직을 움직여 나가기 위한 리더십의 실체는, 서비스현장 상황에서 무엇을 어떻게 해야 하는지에 대한 답을 줄 수 있는 서비스 리더십이라고 할 수 있다. 또한 서비스 리더십을 구성하는 세 가지 요소는 고객만족, 서비스능력, 커뮤니케이션이라고 할 수 있다.(박소연 외, 2005, p.42)

위에서 언급된 바와 같이 서비스 리더십을 구성하는 가장 중요한 구성요소 중 하나가 고객만족Customer Satisfaction인데, 고객만족의 사고는 1980년대에 서비스경제의 중요성이 증대되면서 미국과 유럽에서 새로운 경영이념으로 자리잡게 되었고, 미국의 GE사가 도입한 소비자 대응창구Answer Center와 서비스 품질의 향상으로 높은 경영 성과를 올린 스칸디나비아 항공사의 사례가 많은 영향을 미쳤다고 할 수 있다.

고객만족의 창출과 유지를 위해서는 기업이 제공하는 제품 혹은 서비스의 높은 품질과 기능이 제공되어져야 하며, 고객서비스 기능이 차별화의 중요한 요인이 될 수 있다.

한편, 고객만족 경영이란, 기업이 경영을 함에 있어서 고객의 입장에서 객관적인 관점에서 고객이 완벽한 만족을 추구하며, 고객만족을 최종 목표로 삼고 전사적으로 그 성과를 향상시키는 데에 모든 경영활동을 집중하는 것을 의미한다.

1) 고객기대 모델

고객기대Customer Expectation란, 서비스성과 판단에 이용되는 표준 및 준거로써 어떤 고객이 서비스를 제공받기 전에 그 성과에 대해서 가지고 있는 신념이라고 정의할 수 있다.(이명식, 2004, p.77)

또한 고객의 기대는 최고서비스Ideal Service, 희망서비스Desired Service, 최저서비스Adequate Service, 허용구간Tolerance Zone, 예상서비스Predicted Service 등의 5가지 수준으로 구성되어 있다.

(1) 최고서비스 수준

최고서비스 수준Ideal Service Level이란, 서비스를 제공받고자 하는 고객이 기대할 수 있는 가장 최상의 서비스 수준을 의미한다. 서비스가 이루어지기 전에 고객이 나름대로 원하고 있었던 부분은 물론, 미처 깨닫지 못한 부분까지도 제공되어져 고객의 효익을 제고시켜 주는 서비스 수준을 의미한다.

(2) 희망서비스 수준

희망서비스 수준Desired Service Level이란, 고객이 서비스를 제공받기 전 서비스 제공자로부터 받기를 희망하는 서비스의 성과 수준을 의미한다. 일반적으로 고객들은 최고서비스 수준의 서비스는 제공받기가 쉽지 않기 때문에, 희망서비스 수준의 서비스를 제공받기를 기대하게 된다. 한편, 고객에 따라서는 최고서비스 수준과 희망서비스 수준이 일치하는 경우도 있을 수 있다.

(3) 최저서비스 수준

최저서비스 수준Adequate Service Level이란, 고객이 불만족스럽게 생각하지 않고 받아들일 수 있는 최소한의 서비스 수준을 의미한다. 이러한 경우, 고객들은 제공되고 있는 서비스에 대해 최소허용기대치만을 가지게 된다.

(4) 허용구간

허용구간Tolerance Zone이란, 고객이 서비스에 대한 가변성을 인정하고 수용하고자 하는 정도로서 희망서비스 수준과 최저서비스 수준 사이에 위치하는 구간을 의미한다.

고객들은 허용구간 내에서 서비스를 제공받게 되면 받아들이지만, 제공되는 서비스가 최저서비스 수준보다 낮아서 허용구간 밖에서 서비스가 수행되면 불만족스럽게 생각한다. 또한 제공되는 서비스가 희망서비스 수준을 넘어서서 허용구간 밖에서 제공되면, 고객들의 만족도는 높아지게 된다. 허용구간은 서비스가 제공되는 상황 및 고객의 특성에 따라서 가변적이라고 할 수 있다.

(5) 예상서비스 수준

예상서비스 수준Predicted Service Level이란, 고객들이 서비스를 제공받을 때 기대하는 서비스 수준으로 최고서비스 수준부터 최저서비스 수준까지의 범위에 걸쳐 있다. 예를 들어, 어떤 고객이 음식점에서 주문하여 음식이 준비되어 나오는 시간이 5분 걸린다는 말을 들었을 때, 최고서비스 수준은 5분 이내에 주문된 음식이 준비되는 것이지만 과거의 경험상 10분이나 15분이 소요될 수도 있다. 이러한 경우, 고객의 예상서비스 수준은 5분 이내에 주문한 음식이 준비되면 최고의 서비스 수준의 서비스를 제공받는 것이지만, 10분이나 15분 후에 음식이 준비될 수도 있기 때문에 서비스 수준은 고객 자신의 기대에 맞추어 변경될 수 있다고 할 수 있다.

2) 고객기대의 선행요인

Kurtz and Clow(1998)에 따르면, 고객의 기대는 내부요인, 외부요인, 상황요인, 서비스 기업요인 등에 의해서 영향을 받는다.

(1) 내부요인

① 개인적 니즈

개인적 니즈는 매슬로우Maslow의 욕구단계설Hierarchy of Needs에 근거하고 있는데, 그 내용은 인간의 행동에 높은 차원의 욕구가 영향을 미치기 이전에 그보다 낮은 차원의 욕구가 완전하거나 부분적으로 충족되어져야 한다는 내용이다. 이러한 인간의 욕구는 생리적 욕구Physiological Needs, 안전 욕구Safety Needs, 사회적 욕구Social Needs, 자기존중 욕구Self-esteem Needs, 자아실현 욕구Self-actualization Needs 등으로 나누어진다.

먼저, 가장 낮은 차원의 욕구는 생리적 욕구인데, 생리적 욕구는 의식주와 같이 인간이 생활해 나가는데 있어서 가장 기본적인 욕구를 의미한다. 이렇게 생리적 욕구가 충족되면 인간은 안전욕구를 가지게 되는데, 안전욕구는 안전 및 위험 회피, 물리적인 손상으로부터의 보호와 관련된 욕구를 의미하며, 그 다음 단계의 욕구는 어떤 집단에 소속하고자 하거나 가족을 이루고자 하는 등의 사회적 욕구이다.

그 다음 단계로, 높은 차원의 욕구들인 자기존중 욕구와 자아실현 욕구 등이 있는데, 자기존중 욕구는 소속된 사회에서 지위를 가지고 자신을 존중하며 남으로부터 존경을 받고 싶어 하는 욕구를 말하며, 자아실현 욕구는 인간이 자신이 이룰 수 있는 모든 것을 얻고자 하는 욕구를 의미한다.

② 관여수준

관여Involvement는 인간이 어떠한 상황에서 특정행위를 할 때 가지게 되는 중요성이나 관심의 정도를 의미하는데, 관여는 고객의 기대에 두 가지 효과를 가지고 있다. 첫째, 관여수준이 높아질수록 최고서비스와 희망서비스 수준과의 차이가 줄어들게 된다. 둘째, 관여수준이 높아질수록 허용구간의 폭은 줄어들게 되며, 이러한 경우 고객들은 서비스 제공사항에 변동이 생기면 예민해지게 되어 덜 관용적이게 된다.

③ 과거경험

서비스에 대한 고객의 기대에 영향을 미치는 가장 중요한 요인은 고객의 과거경험이라고 할 수 있다. 과거경험에는 특정서비스 제공자와의 경험, 같은 산업 내의 다른 서비스 제공자와의 경험 및 유사한 서비스에 대한 경험 등이 포함된다고 할 수 있다.

특히 호텔서비스에 있어서 비즈니스 고객의 경우는 일반적으로 잦은 여행으로 인해 호텔을 이용하는 빈도수가 높기 때문에, 여러 호텔의 서비스를 비교할 수 있는 기회를 많이 갖게 된다. 따라서 세계 각 지역에 퍼져 있는 다양한 글로벌 체인호텔 브랜드들을 비교할 수 있으며, EFL의 활용빈도가 높을 수 있기 때문에, 이러한 상황들은 호텔들이 경쟁호텔들에 비해 경쟁우위 확보에 있어서 매우 중요한 부분이라고 할 수 있다.

(2) 외부요인

고객기대의 선행요인 중 외부요인들로는 경쟁자 상황, 사회적 상황, 구전 커뮤니케이션 등이 있다.

① 경쟁자 상황

고객들의 서비스 기대수준은 같은 산업 내의 경쟁자 상황에 의해서 영향을 받게 되는데, 예를 들어 같은 산업 내의 다른 경쟁기업이 서비스가격을 인하한다면, 다른 경쟁기업들도 가격을 인하하거나 다른 촉진수단을 사용하게 된다.

또한 경쟁은 같은 산업 내의 다른 경쟁자들하고만 하는 것이 아니라, 다른 산업의 대체 가능한 경쟁자들과도 일어나게 된다.

② 사회적 상황

고객들이 처한 사회적 상황도 서비스에 대한 기대수준에 영향을 미치게 되는데, 고객들은 자신들이 조금 더 신경 쓰는 사람들과 함께 있을 때 서비스 기대수준이 증가하게 되며 허용구간은 상대적으로 줄어들게 된다.

③ 구전 커뮤니케이션

구전 커뮤니케이션Word-of-mouth Communication은 고객들의 기대 형성에 큰 영향을 끼치게 되는데, 특히 서비스는 경험 품질 혹은 신용 품질의 특성을 가지고 있기 때문에 다른 사람의 의견을 요청하는 경우가 많이 발생한다. 특히, 구전 커뮤니케이션은 서비스에 대한 최고수준과 희망수준을 형성하는데, 많은 영향을 미치게 된다.

(3) 상황요인

상황요인은 정상적인 상황에서의 일시적인 변화로 구매 이유, 고객의 기분, 날씨, 시간의 제약 등이 있다.

① 구매 이유

구매 이유는 서비스에 대한 고객의 기대에 많은 영향을 미치는데, 예를 들어, 호텔을 선택할 때 그 선택 이유가 무엇인가에 따라 고객들의 기대는 크게 달라지게 된다.

② 고객의 기분

고객의 서비스 제공 당시 기분은 서비스에 대한 기대에 많은 영향을 미치게 되는데, 고객의 기분이 좋을 때는 서비스 제공자에 대해서 보다 관용적이기 때문에 허용구간의 범위가 보다 커지게 되고, 최고서비스 수준도 보다 낮아지게 된다. 반면, 고객의 기분이 좋지 않을 때는 위와는 반대로 허용구간도 작아지며 최저서비스 수준도 올라가게 된다.

③ 날씨

날씨도 고객의 서비스기대에 영향을 미치는데, 날씨가 좋을 때와 나쁠 때의 고객들은 서비스에 대한 기대수준이 다르게 나타난다. 서비스에 대한 희망수준은 동일하지만, 날씨가 나쁘면 서비스 예상수준은 낮아지게 된다.

④ 시간의 제약

시간의 제약성Time Constraints도 고객의 기대에 영향을 미치게 되는데, 예를 들어, 급하게 인쇄물을 맡긴 고객의 경우, 예상기대 수준은 낮아지게 되면 허용구간의 범위도 넓어지게 된다. 이와 같이 시간적으로 제약이 있는 서비스의 경우 고객들도 정상적인 상황에서 기대할 수 있는 서비스 수준을 그 시간의 제약성에 맞추어 변경시키게 된다.

(4) 서비스 기업 요인

고객기대에 영향을 미칠 수 있는 서비스 기업 요인들로는 촉진, 유통, 가격, 서비스 종업원, 다른 고객들, 유형적 단서, 기업 이미지, 서비스제공 전 대기 등이 있다.

① 촉진

고객들은 광고나 판매촉진 등을 통한 기업의 촉진전략에 의해서 그 기업에 대한 예상서비스 수준을 형성하게 되는데, 이에 따라 고객들은 희망서비스 수준, 최저서비스 수준, 허용구간 등을 변경시킬 수 있다.

이러한 이유 때문에 호텔서비스가 표준화에 신경을 써야 한다. 일반적으로 호텔의 촉진활동은 특정한 지역의 호텔을 대상으로 하지 않고 특정한 브랜드를 대상으로 촉진활동을 하기 때문에, 고객들은 호텔의 각 지역에 퍼져 있는 특정한 브랜드를 대상으로 이미지가 형성되어 다양한 정도의 서비스 예상서비스 수준을 형성하게 된다.

② 유통

브랜드자산이 구축되어 있고 복수의 유통체인점을 가지고 있는 기업들이 제공하고 있는 서비스는 고객들의 예상기대를 강화시키고 있다. 고객들은 그 서비스 기업의 각 점포에서는 거의 비슷한 수준으로 서비스를 제공받을 것으로 기대하게 된다.

③ 가격

일반적으로 가격이 높을수록 고객들의 서비스에 대한 기대도 높아지게 되고 허용구간도 좁아지게 된다. 또한 가격에 있어서 경쟁기업 및 대체 안에 따라 고객의 기대도 변화하게 되며, 예상서비스 수준은 가격과 정비례하지만 허용구간의 범위는 반비례하는 경향이 나타나게 된다. 다시 말하면, 가격이 높을수록 고객들의 최저서비스 수준은 올라가고 허용구간도 좁아지게 된다.

④ 서비스 종업원

서비스 종업원의 고객에 대한 응대 및 대화는 그 서비스를 제공받고 있는 고객들의 기대수준에 영향을 미치게 된다. 일반적으로 고객들이 같은 식음료 서비스를 제공받는다고 하더라도, 일반적인 음식점에서 서비스를 받는 경우와 호텔서비스를 받는 경우에 기대수준은 동일하지 않으며, 이러한 영향은 고객들이 받아들일 수 있는 서비스 수준의 범위인 허용구간Tolerance Zone에도 많은 영향을 미치게 된다. 또한 서비스산업은 제조업과는 달리 서비스 제공자의 서비스제공 품질에 따라서 고객들의 만족도가 좌우되기 때문에 더욱 인적자원에 대한 의존도가 큰 산업이라고 할 수 있다.

⑤ 다른 고객들

고객의 기대는 다른 고객들에 의해서도 영향을 받게 되는데, 다른 고객들이 어떻게 서비스 제공을 받는지 관찰함으로써 자신이 받을 서비스의 수준을 기대하게 된다. 또한 다른 고객들이 고객기대에 미치는 또 다른 영향은 서비스에 대한 수요를 나타내 보이는 것이라 할 수 있는데, 예를 들어, 어떤 음식점에서는 많은 사람들이 음식을 주문하기 위해서 줄을 서서 기다리는 것을 보는 경우, 그 서비스에 대한 기대수준은 높아지게 된다.

⑥ 유형적 단서

서비스의 유형적 단서에는 서비스 시설의 내부·외부 모양, 배치된 가구, 서비스에 사용될 설비, 인테리어, 청결도 등이 포함된다. 이러한 유형적 단서에 의해 고객들의 기대수준은 영향을 받게 된다.

⑦ 기업 이미지

고객들이 서비스 제공 기업에 대해서 좋은 이미지를 가지고 있으면 그 기업에서 제공되는 서비스의 기대도 크고 그렇지 않으면 서비스에 대한 기대 수준도 낮아지게 된다. 특히 호텔은 고객들에게 포지셔닝 된 이미지Image가 매우 중요한 부분을 차지하기 때문에 평판Reputation, 서비스품질Service Quality 등에 대한 중요성이 가장 큰 산업이라고 할 수 있다.

⑧ 서비스 제공 전 대기

고객들은 나름대로의 기준을 가지고 대기시간을 예상하게 되며, 예상보다 실제 대기시간이 길어지게 되면 고객은 그 서비스에 대해서 덜 관용적이게 된다.

특히 이러한 점은 고객들의 상황 판단에 따라서 부득이한 상황에 따라서 대기시간이 길어지게 되면 보다 고객들의 이해하는 범위가 보다 관용적이지만, 그렇지 않은 경우에는 덜 관용적이게 된다. 예를 들어, 음식점에서 손님이 너무 많아서 주문한 음식이 준비되는 시간이 길어지는 경우에는 고객들이 보다 관용적일 수 있지만, 직원들끼리 사담을 하느라고 음식이 준비되는 시간이 길어지게 되면 고객들은 그러한 상황에 대해서 보다 덜 관용적이게 된다.

3) 고객만족 지표의 이해

고객만족도는 고객이 거래한 제품이나 서비스에 대해서 거래 및 이용 시의 체험을 근거로 하여 어느 정도 만족하는가를 측정하고, 만족하는 각 요소에 대해서 고객의 평가를 측정하는 것이라고 할 수 있다.

현재의 고객만족도 수준을 이해하고 어떠한 개선활동을 추진할 것인가를 검토하기 위해서는 고객의 가치기준에 기반을 둔 조사에 의해 도출된 고객만족도지수CSI : Customer Satisfaction Index를 측정하고, 이를 위해 핵심이 되는 질문 항목이 무엇인지를 파악해야 하며, 설문의 대상자를 선정함에 있어서도 유의해야 한다.

고객만족 측정의 목적은 고객만족도를 제고하기 위한 개선활동이기 때문에 실제 고객만족도 지수를 산출하는 과정에서 종합적인 만족감을 상승시키는데 크게 기여하는 요인이 무엇인지를 알아야 하며, 측정 결과를 기본으로 하여 직원들이 어떻게 해야 할지를 스스로 생각해 보도록 해야 한다. 고객만족도 조사를 위해서는 계속성의 원칙, 정량성의 원칙, 정확성의 원칙 등이 필요하다고 할 수 있다.(김연성 외, 1999, p.208)

(1) 계속성의 원칙

고객만족도 조사를 특정시점에 한 번 실시하는 것으로는 고객만족도 제고를 위해서는 부족하며, 지속적으로 고객만족도를 조사하여 이 결과를 체계적인 개선활동에 반영하는 것이 필요하다.

(2) 정량성의 원칙

고객만족도 조사에서 중요한 것은 이전과 비교해서 어느 정도 개선되었는지를 파악하는 것이 중요한 목적이기 때문에 비교의 기준이 제시된다. 따라서 일정한 시기에 일정한 방법에 의해서 계속적으로 조사를 실시하는 것이 중요하며, 시계열적인 비교가 가능해지면 고객만족의 상황과 문제점을 파악할 수 있다.

(3) 정확성의 원칙

또한 위에서 언급된 계속성의 원칙과 정량성의 원칙, 더불어 조사대상자의 표본이 적합한지, 조사항목이 경영상황을 충분히 반영하는지, 조사방법이 적절한지 등에 대한 원칙도 매우 중요한 부분이라 할 수 있다.

표 2.2 제품과 서비스의 차이

요 소	제 품	서비스
형체	유형적	무형적
생산과 소비의 분리 여부	분리됨	생산과 소비가 동시에 이루어짐
유통과정	유통경로가 있음	소비자가 직접 제공현장에 와야 함
상품의 성질	동질성 유지 및 표준화 용이	다양하며 표준화가 어려움
재고저장	가능	불가능
소유권 이전	가능	불가능
고객참여	간접참여	직접참여
수요와 공급의 탄력성	수요와 공급의 비탄력성	수요는 탄력적이나 공급은 비탄력적임
생산방식	계획, 대량생산이 가능하고 기계의존성이 높음	주문생산이며 인적의존성이 높음
생산비용	고정비보다 변동비가 높음	변동비보다 인건비 등 고정비가 높음

요 소	제 품	서비스
판매방식	사전설명이 가능하고 구체적이며 진열판매 가능	사전설명이 어렵고 비구체적이며 진열판매가 불가능
품질 및 가격평가	객관적	주관적
가격 차별화	불가능, 동일제품에는 구매시기와 구매자의 구분 없이 동일 적용	가능, 구매시가와 구매자에 따라 차별화 가능

자료 : 김혜영 외, 이프레스, 2014, p.73.

호텔서비스 실무 Hotel Service

CHAPTER 03

호텔서비스 품질

호텔서비스 실무 Hotel Service

다른 서비스 기업들의 서비스 품질도 중요하지만, 특히 호텔의 경우에는 서비스 품질이 매우 중요한 부분이라 할 수 있다. 호텔서비스를 구매하는 고객들은 단순한 숙박이나 식음료 등의 구매뿐만 아니라 서비스를 제공하는 호텔의 서비스도 구매한다고 판단해야 하기 때문에, 호텔들은 산업의 특성상 특히 서비스 품질에 많은 초점을 맞추어야 한다.

이러한 상황에서 호텔뿐만 아니라 다른 서비스 기업의 경우도 마찬가지로 품질관리를 통해서 기업의 경쟁우위를 확보해야 하며, 이를 통해서 산업 내에서 지속적으로 성장할 수 있는 기회를 마련할 수 있다. 이러한 서비스 품질관리를 위해서는 먼저, 서비스 품질을 측정하는 일이 선행되어야 하는데, 서비스는 제품과 달리 품질을 측정하는 데에 여러 가지 어려움이 생길 수 있다.

이렇게 서비스 품질Service Quality을 측정하는데 부딪히는 어려움은 첫째, 서비스 품질의 개념이 주관적이기 때문에 객관화하여 측정하기 어려우며, 모든 경우에 적용되는 서비스 품질을 정의하기는 매우 어렵다.

둘째, 서비스 품질은 서비스 전달이 완료되기 이전에는 검증되기가 어려운데, 이것은 서비스의 특성상 생산과 소비가 동시에 이루어지기 때문이다.

셋째, 서비스 품질을 측정하려면 고객에게 물어봐야 하는데, 고객으로부터 데이터를 수집하는 일이 시간과 비용이 많이 소요되며 회수율도 낮은 편이기 때문에 서비스 품질 측정에 어려움이 있다.

넷째, 자원이 서비스 전달과정 중에 고객과 함께 이동하는 경우에는 고객이 자원의 흐름을 관찰할 수 있는데, 이러한 점은 서비스 품질의 객관성을 저해할 수 있다. 마지막으로, 고객은 서비스 프로세스의 일부이며, 변화를 일으킬 수 있는 중요한 요인이기도 하다.

따라서 고객을 대상으로 하는 서비스 품질의 연구 및 측정에 본질적인 어려움이 있다고 말할 수 있다.

01 호텔서비스 품질의 이해

기업의 품질은 그 기업의 경쟁력을 좌우하는 매우 중요한 부분이라고 할 수 있는데, 특히 재화와 비교해서 서비스는 무형성, 이질성, 생산과 소비의 동시성 등의 특성으로 인해, 품질의 평가가 더 어렵다고 할 수 있다. 이러한 어려움 때문에 소비자는 서비스 품질을 평가할 때 다른 단서Clue나 과정Process에 의존하는 경향을 나타낸다. 또한 서비스는 탐색 품질Search Quality 속성은 거의 없고 경험 품질Experience Quality 속성을 많이 가지고 있다.

고객이 서비스를 평가할 때 기대가 매우 중요한 역할을 하기 때문에 마케터는 이러한 기대를 형성하는 요인을 이해할 필요가 있는데, 실질적으로 고객의 기대에 영향을 미치는 요인 중에는 통제 가능한 요인보다 통제 불가능한 요인이 더 많다고 할 수 있다.

제품 및 서비스에 대한 품질평가는 탐색품질Search Quality, 경험품질Experience Quality, 신용품질Credence Quality 등으로 나눌 수 있는데, 제품의 경우는 탐색품질의 특성이 강한 반면, 서비스는 경험품질과 신용품질의 특성이 강한 특성을 가지고 있다.

1) 품질의 평가

(1) 탐색품질

제품이나 서비스를 구매하기 전에 소비자들이 평가할 수 있는 속성을 말하는 것으로 모양, 느낌, 가격 등과 같은 항목을 포함하고 있다. 컴퓨터, 냉장고 등과 같은 소비재Consumer Goods와 원자재, 부품 등과 같은 산업재Industrial Goods들은 제품을 구매하기 전 소비자들이 그 품질을 평가할 수 있기 때문에, 탐색품질Search Quality의 속성이 강한 편이라고 할 수 있다.

(2) 경험품질

경험품질Experience Quality은 소비자들이 소비 중이거나 소비한 후에만 평가할 수 있는 속성으로, 경험을 통해서만 그 품질을 인지할 수 있게 된다. 식사나 성형수술 등은 경험품질의 속성이 강한 서비스상품이라고 할 수 있다. 또한 호텔, 항공사, 여행사 등의 서비스들도 경험을 통해서만 서비스의 품질을 평가할 수 있는 대표적인 산업들이라고 할 수 있다.

(3) 신용품질

신용품질Credence Quality이란, 서비스 종류 후에도 그 평가가 힘든 속성을 가지고 있는 서비스들이 포함된다고 할 수 있는데, 교육, 의료, 회계 서비스 등이 포함된다고 할 수 있다.

2) 과정품질과 기술적 결과품질

고객들은 제공된 서비스의 기술적 결과에 대한 인식과 그 결과가 어떤 과정을 거쳐 제공되었는지를 기반으로 해서 서비스 품질을 판단하게 된다.

예를 들어, 병원에서 제공되는 의료서비스에 대한 기술적 결과품질은 환자들의 병을 완쾌시켜주는 일이다. 의료서비스의 과정품질은 의사의 시기적절한 치료, 의사 및 간호사들의 고객들에 대한 이해, 정중한 응대, 그리고 환자들의 이야기를 듣는 태도 등을 생각해 볼 수 있다. 만약, 고객들이 음식점에 갔을 때 기술적 결과품질이, 제공된 음식이라면 과정품질은 음식제공 절차 및 방법, 종업원들의 응대 태도라고 할 수 있다. 만약, 서비스가 어떤 구체적인 결과를 가지고 있다면, 고객들은 그 결과에 의거해서 그 서비스의 효과를 판단하게 된다. 그러나 일반적으로 서비스는 제품에 비해서 상대적으로 매우 복잡하여 뚜렷한 결과가 항상 명백하게 나오는 것이 아니다.

이러한 상황에서 서비스 제공자의 실제 능력이나 그 결과의 유효성 등으로 나타나는 서비스의 기술적 품질은 고객들이 쉽게 판단할 수 없게 된다. 심지어 어떤 경우, 고객들은 제공된 서비스가 제대로 수행되었는지의 여부조차 모르는 경우가 있다.

많은 서비스의 경우, 고객들은 자신들이 지불하는 비용에 대해서 의문을 품게 된다. 따라서 고객들은 자격을 소지하고 훌륭한 기술을 갖는 것 이외에도 서비스 제공자가 대인관계를 제대로 할 수 있는 능력을 가졌으면 하고 바라게 된다. 즉 고객들이 제공된 서비스 결과의 기술적 품질을 효과적으로 판단할 수 없다면 그들은 문제해결 능력, 고객과의 공감 능력, 고객에 대한 정중한 태도, 약속이행 수준 등과 같은 서비스의 과정품질 차원에 따라 서비스 품질에 대해서 자신들의 판단을 내리게 되는 것이다.(이명식, 2004, pp.112~113)

02 호텔서비스 품질차원

서비스 품질차원과 관련하여 많은 연구자들은 서비스의 품질이 단일 차원의 개념이 아닌 여러 요인들에 의해서 평가가 이루어져 왔다고 생각했다. 이렇게 서비스 품질 차원과 관련된 연구들이 진행되다가 1985년 Parsuraman, Zeithmal, Berry 등의 학자에 의해서 아래와 같이 10가지 차원의 서비스 품질 평가기준이 제시되었다.

그러나 서비스 품질의 10가지 차원들이 상호간에 중복되는 부분이 있고, 그 내용을 명확하게 구별하기 힘들다는 의견 등에 따라 PZBParsuraman, Zeithmal, Berry, 1988는 1985년 자신들의 연구를 보다 정교하게 만들고 상호간에 중복되는 부분들을 5가지 차원으로 통합하였으며, 최근 서비스 품질과 평가에서는 이 5가지 차원이 널리 사용되고 있다.

표 3.1 서비스 품질의 10가지 평가 차원

서비스 품질 차원	정 의
신용도	서비스 제공자의 솔직함, 믿음성, 신뢰감
안전성	위기, 위험, 의심 제거
접근성	접근 가능성 및 용이한 접촉
커뮤니케이션	고객들의 말을 청취하고 그들이 이해할 수 있도록 의사전달 하기
고객 이해하기	고객 및 그들의 니즈를 알려고 노력
유형성	물리적 시설, 장비, 종업원들의 모습
신뢰성	약속한 서비스를 믿음직스럽고 정확하게 수행하는 능력
반응성	고객에게 도와주고 신속한 서비스를 제공
능력	서비스 제공에 필요한 지식과 기술을 보유
예절성	서비스 접촉 종업원의 정중함, 존경심, 신중함, 친절함

특히, 최근 서비스산업 규모의 성장과 기업에서 고객들에게 제공되는 서비스의 중요성을 기업들이 인지하면서 서비스 품질은 더욱 중요한 주제가 되었으며, 이러한 서비스 품질은 고객만족에 직접적인 영향을 미치면서 기업들의 성공과 실패를 좌우하는 중요한 부분이 되었다.

따라서 서비스기업은 물론 제조기업의 경우에도 제품뿐만 아니라 고객들과의 접점에서 고객들에게 제공하는 서비스에 대한 비중을 증대시키고 있을 뿐만 아니라 고객들에게 제공하는 서비스과정을 세부적으로 분류하여 매뉴얼 화한 후 기업의 직원들에게 교육하고 훈련시켜 고객만족을 극대화하도록 노력하고 있다. 이러한 상황에서 서비스와 가장 깊은 관련이 있는 산업인 호텔산업에서는 점점 다양해지고 있는 고객들의 욕구를 만족시키기 위한 완벽한 서비스가 요구되기 때문에, 다른 산업과 비교해서 고객들의 허용구간Tolerance zone을 더욱 좁게 가져가는 마인드로 서비스를 제공하는 것이 필요하다.

(1) 유형성

유형성Tangibility은 물리적 시설, 장비, 종업원, 사용되는 커뮤니케이션 자료 등의 외형을 의미한다. 호텔의 경우, 호텔의 외형을 의미하며 호텔산업의 특성상 일반적으로 이렇게 서비스 품질 평가 차원에서 유형성에 대한 소비자들의 평가가 포함된다는 것을 인지하고 있기 때문에, 청결하고 화려한 이미지를 구축한다고 할 수 있다.

하지만 기존의 특급호텔들의 경우, 파워브랜드의 새로운 글로벌 체인호텔들의 건물이 시장에 진입하고 있기 때문에, 신축건물을 건설하거나 호텔건물의 리노베이션을 통해서 유형성을 보완하고 있다.

(2) 신뢰성

신뢰성Reliability이란, 약속한 서비스를 정확하게 제공하는 능력을 말하는데, PZB(1988)에 의하면, 미국에서 신뢰성이 서비스 품질 차원 5가지 중에서 서비스 품질에 대한 고객들의 인식을 결정하는데 있어서 가장 중요한 요소로 작용되고 있다고 한다.

(3) 반응성

반응성Responsiveness은 고객을 도와주고 신속한 서비스를 제공하고자 하는 의지를 의미한다. 반응성은 고객들의 요구, 질문, 불평 및 문제를 처리하는데 있어서 관심과 신속성을 강조한다.

(4) 공감성

공감성Empathy이란, 고객을 개별화시켜 이해하려는 노력으로 접근의 용이성과 서로 커뮤니케이션이 잘 이루어지는 것이 포함된다.

(5) 확신성

확신성Assurance은 종업원들의 지식과 정중함, 그리고 기업과 종업원들이 불러일으키는 믿음직스러운 모습을 의미한다.

03 호텔서비스 관련 자격증

최고의 호텔서비스를 고객에게 제공하기 위해서 모든 호텔들이 치열하게 경쟁하고 있는 상황에서, 호텔서비스와 관련된 자격증은 호텔서비스사Hotel Guest Services Representative가 있다. 호텔서비스사 자격증과 관련한 주관 부처는 문화체육관광부이며, 자격증의 시행기관은 한국산업인력공단이다.

자격증과 관련된 정보를 살펴보면, 자격증의 기본 개요는 호텔에서 각종 서비스를 제공하기 위해서는 호텔종사원으로서 외국어 실력이 필요하고, 서비스에 대해 이해하며 고객에게 보다 충실한 서비스를 제공하기 위해 호텔서비스사 제도를 도입한다고 되어 있다.

호텔서비스사 자격증의 기본적인 정보에서 제안하는 수행직무를 살펴보면, 호텔에서 고객에게 각종 서비스를 제공하기 위해 영접, 객실안내, 짐 운반, 객실예약, 우편물의 접수와 배달, 객실 열쇠관리, 객실정리, 세탁보급, 음식제공 등 각종 서비스를 제공하는 일이라고 되어 있다.

표 3.2 호텔서비스사 관련 최근 5년간 통계

구 분		2010	2011	2012	2013	2014
1차	대상	21	27	28	37	60
	응시	18	15	8	25	31
	응시율(%)	85.7	55.6	28.6	67.6	51.7
	합격	15	9	5	20	19
	합격률(%)	83.3	60.0	62.5	80.0	61.3
2차	대상	155	144	212	155	192
	응시	113	109	126	124	144
	응시율(%)	72.9	75.7	59.6	80.0	75.0
	합격	95	94	113	101	106
	합격률(%)	84.1	86.2	89.7	81.5	73.6

자료 : 한국산업인력공단 홈페이지

호텔서비스에서 중요한 점은, 위에서 언급된 서비스를 고객에게 제공하는 것이 아니라 어떠한 서비스 품질의 정도로 제공하느냐 라고 할 수 있다. 따라서 호텔서비스사의 자격증 취득뿐만 아니라 자격증 취득과 함께 가장 높은 서비스 품질을 가진 서비스를 고객에게 제공하는 것이 가장 중요한 부분이라고 할 수 있다. 호텔서비스사 자격증과 관련된 최근 5년간의 통계자료는 위의 표 3.2와 같다.

이러한 호텔서비스사의 응시자격은 아래와 같다.

① 응시자격 : 제한 없음

② 결격사유

- 금치산자
- 한정치산자
- 파산선고를 받고 복권되지 아니한 자
- 이 법에 따라 등록 등 또는 사업계획의 승인이 취소되거나 제36조제1항에 따라 영업소가 폐쇄된 후 2년이 지나지 아니한 자
- 이 법을 위반하여 징역이상의 실형을 선고 받고 그 집행이 끝나거나 집행을 받지 아니하기로 확정된 후 2년이 지나지 아니한 자 또는 형의 집행유예 기간 중에 있는 자

③ 시험과목, 배점, 시험방법

- 제1차 시험

구 분	시험과목	배 점	문항수	시험시간	시험방법
제1차 시험	관광법규 호텔실무 (현관, 객실 및 식당 중심)	30% 70%	15 35	100분	객관식 4지 택일형

- 제2차 시험 : 2차 시험은 면접시험이며 국가관, 사명감 등 정신자세, 전문지식과 응용능력, 예의, 품행 및 성실성, 의사발표의 정확성과 논리성 등을 평가한다.

④ 합격기준

1차 시험의 합격기준은 매 과목 4할 이상이고, 전과목 점수가 배점비율로 환산하여 6할 이상 득점을 해야 한다. 2차 시험의 합격기준은 총점의 6할 이상을 득점해야 한다.

⑤ 면제대상자

면제대상자는 경력에 의한 제1차 시험면제자와 전년도 1차 시험 합격자에 의한 면제자로 나눌 수 있으며, 경력에 의한 1차 시험 면제자 관련 내용은 아래와 같다.

- 「초중등교육법」에 따른 고등학교 또는 고등기술학교 이상의 학교를 졸업한 자 또는 다른 법령에서 이와 동등한 학력이 있다고 인정되는 교육기관에서 관광분야의 학과를 이수하고 졸업한 자(졸업예정자 포함)에 대하여 1차 시험 면제
- 관광숙박업소의 접객 업무에 2년 이상 종사한 경력이 있는 자에 대하여 1차 시험 면제

  전년도 1차시험 합격자에 의한 면제자와 관련된 내용은 1차 시험 및 외국어시험에 합격하고, 2차 시험에 불합격한 자에 대하여는 다음 회의 시험에만 1차 시험 및 외국어시험을 면제

호텔서비스 실무 Hotel Service

CHAPTER 04

호텔객실 서비스의 이해

호텔서비스 실무 Hotel Service

01 호텔객실의 개념 및 중요성

호텔 상품은 다양한 기준에 의해 분류할 수 있는데, 최근에 객실 상품과 더불어 식음료 상품의 판매 비중이 증가하고 있지만, 객실 상품은 호텔에서 판매하는 상품 중 가장 중요한 부분을 차지하는 상품이라고 할 수 있다. 그렇기 때문에 호텔의 수익성 측면에서 접근하면 객실의 판매는 가장 중요한 부분이라고 할 수 있는데, 이는 서비스의 특성 중 비저장성과 관련된 부분이라고 할 수 있다.

호텔의 객실은 판매가 되지 않으면 제품과 달리 저장을 한 후 다시 판매할 수 있는 상품이 아니기 때문에, 객실상품의 판매가 여의치 않으면 호텔의 수익성에 직접적으로 큰 타격이 올 수 있다. 하지만 호텔의 입장에서는 다양한 요인이 있을 수 있지만, 호텔의 브랜드 이미지 관리차원이라는 주된 이유로 저가에 호텔 객실상품을 판매할 수 없는 상황이기 때문에, 위에서도 언급된 바와 같이 아무리 식음료와 다른 부대시설 및 면세점에서 매출이 창출된다고 하더라도 객실판매가 원활하지 않으면 수익을 내는 데에 많은 어려움이 따르게 된다.

02 호텔객실의 특성

호텔경영에 있어서 객실은 가장 중요한 부분이라고 할 수 있는데, 객실의 운영에 있어서 주요한 특성을 살펴보면, 다음과 같다.(박영기 외, 2013, p.16 참조)

1) 객실구조의 표준화

호텔산업은 초기 투자비용이 매우 높은 산업이기 때문에 시장진입 장벽

Market Entry Barriers이 매우 높은 산업이다. 특히, 객실과 같은 건물에 투입되는 비용이 매우 높은 편이기 때문에, 규모의 경제Economies of Scale를 활용한 호텔객실의 표준화가 매우 중요한 부분이라고 할 수 있다.

또한 호텔객실의 표준화는 관리적인 측면에서의 비용절감 효과도 가져오게 되며, 표준화를 통해서 객실의 공간을 최대한 활용할 수 있기 때문에, 호텔객실 관리에 있어서 호텔객실의 표준화는 매우 중요한 부분이라 할 수 있다.

2) 객실의 고급화

호텔객실의 유형적인 측면을 고급스럽게 하여 서비스 품질 평가기준 중 가장 중요한 요소 중 하나인 유형성을 통한 고객만족을 최대화하며, 치열한 경쟁환경에서 생존하기 위한 차별화 전략을 구사하기 위하여 점차 호텔의 객실이 고급화되어 가는 경향을 나타내고 있다.

3) 객실상품의 변화

호텔들은 다양한 고객들의 욕구를 충족시키기 위하여 고객들이 요구하는 소모품, 인테리어, 정보통신기기 등 새로운 서비스와 시설을 추가하는 경향을 보이고 있다.

특히, 최근 비즈니스호텔의 활성화로 인해 다른 부대시설을 축소하는 대신 객실은 최고급 시설로 투자하는 선택적 서비스를 추구하는 호텔들이 증가하고 있으며, 이러한 추세는 우리나라의 호텔관광산업의 특성상 증가할 것으로 예측된다. 우리나라는 특급호텔과 싼 가격의 시설이 미비한 숙박시설의 비율이 높기 때문에, 가격적인 측면에서 그 중간 형태를 띠고 있는 비즈니스호텔에 신라호텔, 롯데호텔 등의 국내호텔들과 글로벌체인호텔 브랜드들이 활발하게 진출하고 있기 때문에, 객실에 많은 투자를 할 뿐만 아니라 차별화된 부티크호텔을 추구하는 경향은 더욱 가속화 될 것으로 예측된다.

4) 객실요금의 다양성

같은 넓이와 크기, 같은 층의 객실을 이용하더라도 고객이 지불하는 요금은 이용시간, 예약시기, 숙박기간, 계약조건 등에 따라서 차별화된다.

5) 높은 고정비

호텔은 초기 투자비용이 매우 높을 뿐만 아니라 산업의 특성상 인적자원을 24시간 활용해야 하기 때문에, 관리비용도 매우 높은 산업 중 하나라고 할 수 있다. 이러한 고정비용이 다른 환대산업에 비해서 상당히 높은 편이기 때문에 비수기에는 고정비용을 최소화하려는 경영전략을 구사하기도 한다.

6) 가치 소멸성

호텔의 객실 상품은 일정한 시간에 판매가 이루어지지 않으면 판매할 수 없는 특성 때문에, 가치 소멸성을 가진 상품이라고 할 수 있다.

03 호텔객실의 요금제도 및 분류의 이해

1) 객실요금제도

일반적으로 객실요금에는 공표요금, 추가요금, 할인요금 등이 있으며, 그 내용은 다음과 같다.

(1) 공표요금

호텔이 객실요금을 책정하여 주무관청에 신고하고, 접수된 후 고객에게 공표하고 시행하게 되는 기본요금이다. 이러한 요금을 정규요금Full Rate이라 한다.

(2) 할인요금

호텔이 위에서 언급된 정규요금을 모두 부과하면 경쟁이 심한 시장 구조나 시장경쟁 구조Market Competition Structure 상 과점과 같은 구조를 가진 상황에서는 호텔의 경쟁력을 저하시키는 요인으로 작용할 수 있기 때문에, 호텔들은 특정한 개인이나 기업을 포함한 다양한 조직에 대해서 할인된 가격에 객실을 판매하게 된다. 이러한 가격을 할인요금Discounted Rate 혹은 특별요금Special Rate이라 하며, 할인요금의 유형에는 '무료요금', '1인 할인가격', '비수기 할인요금', '거래처 요금', '이벤트 요금', '패키지 요금' 등이 있다.

① 무료요금Complimentary Rate

호텔영업에 기여도가 높은 개인이나 단체에 제공하는 무료객실을 의미하며, 일반적으로 여행사를 통해 유치한 단체고객인 경우, 일정 유료객실 당 정해진 상한선까지 객실만 무료로 제공하지만, 개인이나 기업고객인 경우 상황에 따라 전액 무료인 경우도 있다.

② 1인 할인가격Single Discounted Rate

우리나라 호텔들이 사용하는 요금제도는 1인 당 요금이 아니고 객실 당 요금인데, 일반적으로 2인을 기준으로 판매한다. 하지만 고객이 예약한 룸이 최저요금인 싱글룸Single Room이었거나, 낮은 가격의 룸을 예약하였지만 고객이 도착하여 체크인Check-in을 하는 과정에서 가격대의 룸을 판매할 수 없다면, 그보다 높은 요금의 객실을 같은 가격으로 제공해야 한다. 이러한 상황에서 같은 가격에 업그레이드된 객실을 제공하고 청구하는 요금을 1인 할인가격Single

Discounted Rate이라고 한다.

③ **비수기 할인요금**Season-off Rate

비수기 할인요금이란, 호텔의 영업이 가장 한가한 시기에 이를 개선하기 위해서 주기적으로 제공하는 할인요금 제도를 의미한다.

④ **거래처 요금**Commercial Rate

일반적으로 지난 이용실적을 기준으로 기업이나 단체 등과 계약을 통해 호텔에서 특별할인 요금을 적용하는데, 이러한 요금을 거래처 요금이라고 한다.

⑤ **이벤트 요금**Event Rate

우리나라 호텔들이 매출을 창출하는 경로가 객실 판매, 식음료 판매, 면세점, 부대시설 이용, 결혼 등과 같은 이벤트 등으로 다양해지고 있는 추세를 보이고 있기 때문에, 결혼 등과 같은 이벤트를 진행한 고객들을 대상으로 하는 할인요금을 의미한다.

⑥ **패키지 요금**Package Rate

우리나라의 호텔들은 여름, 겨울 등 특정한 시기에 각 호텔의 패키지 상품을 출시하는데, 이러한 시기에 적용하는 요금을 의미한다. 이러한 패키지 상품을 출시하는 이유는 특정한 시기에 호텔의 매출을 향상시키려는 이유와, 경쟁적인 관점에서 비슷한 수준의 호텔들이 패키지 상품을 출시하기 때문이다.

(3) 추가요금

공표요금과 할인요금은 정상적으로 체크인 하고 체크아웃 하는 과정에서 부과되는 요금이지만, 체크아웃 시간이 늦어질 경우 고객들은 추가요금을 지불한 해야 한다. 추가요금의 유형은 다음과 같다.

① **초과요금**Over Charge

호텔의 퇴숙시간은 일반적으로 정오나 오후 1시로 규정하고, 이 시간을 지나서 퇴숙하게 되는 경우 고객에게 초과요금 지급요청을 하게 된다.

② **주간 이용요금**Day Use, Part Day Charge

고객이 낮시간에만 객실을 이용하고자 원할 때는 일반적으로 반액Half Charge을 받게 되며, 오후 6시가 지나면 객실의 판매가 어렵기 때문에 전액Full Charge을 받게 된다.

③ **3인요금**Third Person Charge

일반적으로 객실은 2인용으로 되어 있는데, 가족이나 동료가 함께 투숙하고자 할 때에는 보조침대를 더 추가하여야 한다. 이러한 경우에 호텔은 고객에게 추가요금을 청구하게 된다.

④ **취소요금**Cancellation Charge

고객이 예약을 하고 당일까지 도착할 수 없어 예약을 취소할 때 부과하는 요금으로, 각 호텔마다 약관에 의해 고객에게 청구하게 된다.

⑤ **미도착 요금**No Show Charge

고객이 예약을 하고 호텔에 도착하지 않으면 호텔은 그 객실을 다른 고객에게 판매하지 못하게 되는데, 이러한 상황에서 호텔이 고객에게 청구하는 요금이 미도착 요금이라고 한다.

⑥ **홀드 룸 요금**Hold Room Charge

홀드 룸 요금은 두 종류가 있는데, 하나는 고객이 투숙하는 객실에 짐을 두고 단기간 타 지역에 투숙하면서 그 방의 가격을 지급하는 것이고, 다른 하나는 고객이 호텔을 예약하고 늦게 도착되면서 그 방을 남겨두도록 요청할 때 객실요금을 청구하는 것이다.

(4) 경영방식에 따른 객실요금

호텔경영에서 매출액에 직접적으로 영향을 미치는 요인으로는 객실, 식음료, 부대시설 요금으로 나누어 볼 수 있는데, 호텔요금 정산 시 객실과 식사요금이 포함된 요금이 있고, 객실과 식사요금을 별도로 정산하는 방식이 있다.(박영기 외, 2013, p.51 참조)

① American Plan

American Plan은 미국식 요금제도로, 객실요금에 조식을 포함한 요금을 말하며, 고객이 체크인 시 식사권을 제공받으며 정해진 레스토랑에서 조식이 제공되는데, 고객이 지불한 객실요금에 조식요금이 포함된 지불방식이다. 또한 휴양지나 산간에 위치한 호텔의 경우, 투숙객이 호텔의 주변에서 식사를 해결할 수 없기 때문에 객실요금에 조식뿐만 아니라 중식, 석식 중 1식이 포함된 제도도 있다. 이렇게 객실요금에 2번의 식사가 포함된 요금제를 Modified American Plan이라고 한다.

② European Plan

European Plan은 유럽식 요금제도로, 우리나라를 포함한 대부분의 호텔들이 사용하고 있는 객실요금제도라고 할 수 있다. 이 요금제도는 객실료와 조식을 별도로 분리하여 계산하는 요금제도이다. 투숙객은 편안한 시간에 식사를 할 수도 있고, 메뉴도 고객이 직접 선택할 수 있다.

③ Dual Plan

Dual Plan은 혼합식 요금제도로, 호텔에서 요금제도를 정하는 것이 아니라 고객의 의향에 따라서 American Plan이나 European Plan을 혼합하여 변형한 요금제도이다. 주로 단체관광객이나 회의에 참석하는 고객이 일정에 따라서 객실요금에 식사의 포함여부를 결정하는 요금제도이다.

④ Continental Plan

Continental Plan은 대륙식 요금제도 또는 콘티넨탈 요금제도라고 하는데, 객실요금에 콘티넨탈Continental 조식이 포함된 요금제도이다. 이 제도는 유럽의 대부분의 지역에서 시행되는 요금제도로, 패키지 여행상품을 일반적으로 아침식사가 포함되어 있는 요금제도이다.

2) 객실의 기능

호텔의 객실은 다양한 기능을 가지고 있는데, 주요한 기능으로는 수면과 휴식을 취할 수 있는 공간이며 자유 공간의 기능도 보유하고 있다고 할 수 있다. 또한 위생 공간과 수하물 공간의 기능도 가지고 있다.

(1) 수면

호텔의 객실은 안락한 침대와 편안한 침구류를 고객들에게 제공하여 객실을 이용하는 고객들이 편안한 수면을 취할 수 있도록 해주는 기능이며, 객실의 기능 중 가장 기본적이면서 중요한 부분이라고 할 수 있다.

(2) 휴식

객실을 이용하는 고객들은 객실에 비치된 소파를 이용하여 편안한 휴식을 취할 수 있기 때문에, 소파는 객실에 비치되는 물품 중 침대, 침구류와 더불어 중요한 물품이라 할 수 있다.

(3) 자유 공간

호텔에서 객실은 투숙한 고객만이 활동하기 때문에 자유로운 공간이 될 수 있으며, TV를 시청하거나 음악도 들으면서 자유로운 행동을 할 수 있는 공간이다.

(4) 위생 공간

객실은 호텔을 이용하는 고객들이 많은 시간을 차지하는 공간이기 때문에 청결함이 매우 중요한 부분이며, 이러한 부분이 중요하기 때문에 호텔의 부서 중 하우스키핑 부서의 역할은 매우 크다고 할 수 있다.

(5) 수하물 공간

호텔의 객실에 호텔을 이용하는 고객들의 중요하거나 꼭 필요한 수하물을 보관할 수 있다.

표 4.1 객실의 기능

기 능	관련시설물	고려사항
휴식 · 수면 공간	침대, 이불, 커튼, 조명	• 객실문에서의 시야 차단 • 소음 차단 • 온도 및 습도 조절
다목적 자유 공간	TV, 소파, 잡지, 책상, 컴퓨터	• 가구 배치 • 창문 근처 위치 • 독서와 사무실에 맞는 조도 • 일정한 채광
위생 공간	욕실	• 소음 차단 • 쾌적한 공간 • 위생 • 청결
수하물 공간	수하물, 의자, 옷장, 가구	• 출입문 쪽에 배치 • 충분한 공간 확보

자료: 김혜영 외, 이프레스, 2014, p.300.

럭셔리 객실의 증가

사례 3 일광욕이나 사우나를 즐기면서 엠파이어 스테이트빌딩 등 뉴욕 맨해튼의 스카이라인을 한눈에 볼 수 있는 전용 옥상, 검은색 대리석으로 장식한 바닥, 사파이어 등 1억 달러 상당의 보석디자이너들의 작품을 전시한 벽면, 수정으로 장식된 대형 샹들리에, 벽부터 천장까지 온통 거울로 장식한 객실등, 베르사유궁전을 방불케 하는 이 호화시설은 뉴욕 맨해튼의 팰리스호텔이 지난주 개장한 럭셔리 스위트룸의 내부 모습이다. 다른 손님과 섞이지 않도록 전용 엘리베이터를 갖춘 이 스위트룸은 3층짜리로 464제곱미터(140평) 규모이다. 하루 숙박 요금은 2만5,000달러(약 2,660만 원).

뉴욕과 마이애미, 댈러스 등 미국 주요 도시 호텔들이 수퍼리치 고객을 잡기 위한 럭셔리룸 경쟁에 뛰어들었다고 〈뉴욕타임스(NYT)〉가 21일 보도했다. 2008년 글로벌 금융위기의 진원지였던 미국은 경기 침체로 인해 럭셔리룸 투자에 나서지 못했다. 이로 인해 슈퍼리치 고객을 스위스나 영국, 중동의 호텔들에게 빼앗겼다. 주요 고객은 사우디아라비아의 왕족 등 아랍의 억만장자들과 할리우드나 스포츠계의 스타들이다. 미국에서 숙박요금이 가장 비싼 곳은 작년 11월 뉴욕 만다린오리엔탈호텔이 개장한 306제곱미터(92평)짜리 스위트룸으로 하루 숙박 요금이 2만8,000달러(2,982만 원)에 달한다.

이 같은 럭셔리룸은 슈퍼리치들의 수요를 충족하는 것 외에 또 다른 목적이 있다. 바로 호텔의 품격을 높여 일반 중산층 고객들을 끌어들이는 후광효과(Halo Effect)가 있다는 것이다.

자료 ❙ 조선일보, 2014.1.22

3) 객실의 분류

(1) 침대의 종류에 의한 분류

① Single Bed Room

객실에 1인용 침대 1개가 들어있는 객실을 의미한다.

② Double Bed Room

한 객실에 두 사람이 숙박할 수 있는 2인용 침대 또는 King Size 침대가 있는 객실을 의미한다.

③ Twin Bed Room

객실에 1인용 침대 2개가 들어있는 객실을 의미한다.

④ Triple Bed Room

객실에 1인용 침대 3개가 들어있는 객실을 의미한다.

⑤ Double and Single Room

Double Bed와 Single Bed가 1개씩 들어있는 객실을 의미한다.

⑥ Double and Double Room

Double Bed가 2개 들어있는 객실을 의미한다.

(2) 객실 등급에 의한 분류

① Standard Room

일반적인 보통 객실로 Double Bedroom이나 Twin Bedroom이 있으며, 객실의 위치는 일반적으로 중간 이하층에 있으며, 가격이 저렴한 편이기 때문에 단체관광객들이 사용하는 경우가 많이 있다.

② Superior Room

일반적으로 Standard Room보다 높은 층에 위치한 경우가 많으며, 면적도 조금 넓은 편이라고 할 수 있다.

③ Deluxe Room

Superior Room보다 넓으며 인테리어나 가구, 소모품 등이 고급스럽다. 또한 객실의 전망이 보다 좋은 편이며, 중간 이상 층에 위치하는 경우가 많이 있다.

④ Suite Room

Suite Room은 일반적으로 특실이라고 불리며, 일반 객실보다 면적이 넓기 때문에 보다 편안하게 사용할 수 있다. 일반적으로 룸의 구조는 침실과 거실로 나누어져 있고 고층에 위치하고 있는 경우가 많다. 넓이에 따라서 Junior Suite, Corner Suite, Royal Suite, Presidential Suite 등의 다른 이름으로 불리기도 한다.

⑤ Executive Floor Room

Executive Floor Room은 주로 상위층에 위치하고 있으며, 전망이 좋고 최고급 객실이 있는 비즈니스맨들을 위한 전용층이라고 할 수 있다. 객실의 가구, 소모품 등은 모두 최고급으로 구성되어 있으며 컴퓨터, WIFI 등 비즈니스맨들이 업무를 수행하는데 어려움이 없도록 객실에 모든 시설이 갖추어져 있다.

04 호텔객실 조직

호텔의 조직은 일반적으로 대규모 호텔의 경우 총지배인, 부총지배인, 객실

영업부장Front Office Manager 등이 있으며, 객실부에는 객실영업Front Office, 객실관리Housekeeping, 고객서비스Guest Service, 피트니스Fitness, 시설관리Plant Engineering 등이 있다. 이렇게 호텔에서 객실부서가 차지하는 중요성이 매우 크기 때문에, 객실부서장은 다음과 같은 주요 업무를 수행해야 한다.

1) 객실 부서장의 주요 업무

① 업무에 적절한 인원 확보
② 업무에 필요한 장비 확보
③ 객실 시설투자를 위한 중·장기 계획 수립
④ 객실 매출증진을 위한 단기·중기·장기 판매전략 수립 및 집행
⑤ 호텔 전반의 고객서비스 프로그램 개발 및 이행
⑥ 연차 이익목표 설정 및 추진
⑦ 정확한 고객정보 확보로 마케팅 및 판촉부서 지원
⑧ 최상의 서비스 제공을 위한 부서 간 협조체계 구축 및 관리
⑨ 소속직원의 직무와 서비스에 대한 교육 및 모니터링
⑩ 내부고객 만족을 위한 프로그램 개발 및 추진
⑪ 고객 불평처리 및 사후관리(박대환 외, 2013, p.59)

2) 프런트오피스

프런트오피스Front Office는 투숙객들이 처음 서비스를 받는 부서이기 때문에, 직원들의 서비스 품질이 매우 중요한 부서라고 할 수 있다. 그렇기 때문에 프런트오피스에서 근무하는 직원들은 고객들에게 정확하고 신속한 서비스를 제공할 수 있도록 훈련되어져야 한다. 따라서 프런트오피스에서 근무하는 직원들은 다음과 같은 수칙들을 엄수해야 한다.(신강현 · 강인숙, 2011, p.140)

① 사복을 입고 고객 통행지역을 통행해서는 안 된다.
② 고객 앞에서 직원들끼리 사적인 대화를 해서는 안 된다.
③ 고객과 마주칠 때마다 인사를 하며, 적당한 언어를 구사한다.
④ 객실은 점검 이외의 목적으로는 절대 출입해서는 안 되며, 부득이한 경우에는 매니저의 허락을 받아야 한다.
⑤ 객실용품의 직원 사용은 절대 금한다.
⑥ 근무시간 중에는 기타장소에서 휴식을 취해서는 안 된다.
⑦ 식사시간은 규정시간을 초과해서는 안 되며, 근무 교대자가 있을 시에 실시한다.

3) 프런트오피스의 주요 기능

① 객실예약 업무
② 고객등록 및 객실 배정
③ 투숙객의 편의서비스 제공
④ 각종 안내 및 정보제공 업무
⑤ 메시지 관리
⑥ 고객영접
⑦ 고객환송
⑧ 비즈니스센터
⑨ VIP 관련업무

4) 프런트오피스 직무별 업무내역

(1) 프런트 매니저

① 현장에 밀접한 중간관리자로써 고개만족과 Front Staff의 효율적인 지원과

시스템을 효율적으로 관리한다.

② 다른 Shift에 근무하는 매니저 및 Staff와의 원활한 커뮤니케이션을 위해 매일 Log Book 기록을 확인한다.

③ 매일 필수적으로 수행해야 하는 Daily Check 리스트를 확인한다.

④ 효율적인 인적자원관리와 Expected Occupancy수에 따른 Short Term Forecasting을 파악한다.

⑤ 업무계획 수립 및 근무태도 관리를 작성한다.

⑥ 예측되는 객실점유율에 따른 Staffing Schedule을 작성한다.

⑦ Front Staff의 근무가 원활히 수행될 수 있도록 필요한 모든 노력을 실행한다.

⑧ VIP나 Return Guest 등 당일 특별사항을 보고하거나 통보한다.

⑨ 프런트 오피스 기능에 관련된 모든 일상적인 역할을 다룬다.

⑩ 관련 부서들과 원활한 업무가 이루어질 수 있도록 원만한 관계를 유지한다.

⑪ 객실 지배인 입장에서 모든 직원의 문제를 다룬다.

⑫ 정상적인 기준에서 직원들에게 지시하고 관리한다.

⑬ 모든 프런트데스크 직원의 작업성과를 감독한다.

(2) 보조 매니저

① 프런트데스크 근무자끼리 인계하는 업무사항을 Log Book에서 확인한다.

② Daily Function Sheet와 Group Information을 체크한다.

③ Occupancy, Arrival, Departure를 체크한다.

④ Guest 메일을 체크한다.

⑤ 각 섹션을 정리정돈 한다.

⑥ 근무자 배정상태를 살피고, Staff Break Schedule을 체크한다.

⑦ 각종 편의시설을 체크한다.

(3) 프런트 직원

① 일일 판매보고서와 Log Book을 읽는다.

② 매시간 당일 객실현황을 점검한다.

③ 당일 도착 고객 명단 확인 및 VIP를 위한 객실을 미리 배정한다.

④ 모든 개별고객과 단체고객을 체크인 시키고, 새로운 고객에게 호텔 부대시설과 서비스를 소개한다.

⑤ 모든 개별고객과 단체고객의 Bill 내역을 정산하고 체크아웃 시킨다.

⑥ VIP를 환송하기 위해 객실 지배인과 연락을 취한다.

⑦ 오후 12시에서 14시 사이에 해당 고객에게 전화를 하여 체크아웃 시간을 확인한다.

⑧ 매일 4박 이상의 장기고객의 명단을 준비한다.

⑨ 데스크 내에서의 전화예약이 있을 경우, 친절하게 응대한다.

⑩ 특별요금 명단 및 정해진 요금보다 할인된 가격으로 제공된 객실의 리포트를 준비한다.

⑪ 고객이 도착하기 전의 메시지를 보관한다.

⑫ 호텔서비스나 부대시설에 관한 정보를 제공한다.

⑬ 모든 고객의 불평사항을 담당 상관에게 보고한다.

⑭ Complaint 일지를 작성한다.

CHAPTER 05

호텔프런트오피스

호텔서비스 실무 Hotel Service

호텔의 프런트오피스는 고객접점의 서비스가 가장 많이 일어날 수 있는 부서이기 때문에, 호텔에서 가장 중요한 부서라고 할 수 있으며 호텔서비스를 이용하려는 고객들에게 가장 강한 이미지를 심어줄 수 있는 부서이기 때문에, 그 중요성은 매우 크다고 할 수 있다.

프런트오피스의 중요성을 살펴보면, 다음과 같다.(김성대 외, 2013, p.93 참조)

- 호텔을 유선 및 방문하는 모든 고객을 최초로 접촉하는 부서로, 호텔의 첫 인상을 결정지을 수 있는 부서이다.
- 고객에게 호텔 및 내적 · 외적 정보를 제공해 준다.
- 호텔의 체크인과 체크아웃서비스를 제공해 주는 곳이다.
- 호텔의 서비스를 받고 호텔을 떠나는 고객에게, 마지막으로 호텔의 이미지를 심어주는 곳이다.
- 호텔 내의 상품을 추천 · 안내하여 영업을 촉진시킨다.
- 고객이 호텔을 이용하는데 있어서 인적 · 물적 보호를 받는다.
- 고객으로부터 얻어진 정보와 자료를 이용하여 호텔의 영업과 서비스를 개선하고 발전시키며, 개인고객에 대한 정보는 관계마케팅Relationship Marketing에 이용하여 고객만족에 최선을 다해야 하는 부서이다.

01 호텔객실 예약

객실 예약은 호텔을 이용하고자 하는 고객이 실제로 투숙하기 전까지 직접 여행사나 인터넷 등을 통해서 예약하는 것을 의미한다. 객실 예약을 호텔입장에서 살펴보면, 당일 발생하는 투숙객의 수요만으로는 호텔의 모든 객실을 판매하는데 어려움이 따르기 때문에, 예약판매를 통해서 최대한의 수익을 창출할 수 있고, 고객의 입장에서는 투숙이 필요한 날짜에 정확한 객실을 확보하기 위해서 객실 예약Room Reservation이 필요한 부분이라고 할 수 있다.

1) 예약부서의 업무 내용

① 인터넷, 전화, 직접방문 등을 통해 요청하는 예약문의에 답하며, 예약을 성사시키기 위한 제반활동을 이행한다.
② 예약접수대장을 작성하여 도착일별, 알파벳순으로 보관한다.
③ 예약확인서를 발송한다.
④ 당일 변경 또는 수정사항은 즉시 이행하고 프런트에 통보한다.
⑤ 예약상황과 판매가능 객실을 수시로 파악하여 담당자와 협의한다.
⑥ 3개월, 1개월, 10일 간 예상객실 점유율과 예상매출액을 작성하여 관련부서에 제공한다.
⑦ 프런트데스크 및 고객서비스 부분과 예약 및 VIP 예약에 대한 정보를 교환한다.
⑧ VIP 편의품 셋업을 상정한다.
⑨ 고객이력관리로 마케팅 업무를 보조한다.
⑩ 숙박등록 업무를 보조한다.(박대환 외, 2012, p.138)

2) 예약의 접수경로

(1) 인터넷 및 스마트폰을 이용한 예약

대부분의 체인호텔들과 예약전문회사들은 세계적인 예약통신망을 구축하고 이를 통해 객실상황을 파악하며 예약을 집행하게 되고, 우대고객 관리 프로그램과 연계하여 혜택을 부여하기도 한다.

인터넷 및 스마트폰의 일반화로 인해 고객들이 직접 인터넷과 스마트폰을 이용하여 호텔의 홈페이지 및 예약전문회사의 홈페이지를 통한 예약이 증가하고 있으며, 이러한 추세는 향후에도 증가하리라고 예측된다.

(2) 전화 예약

전화 예약은 호텔의 상품과 그 수준을 고객에게 알려서 믿음을 줄 수 있고, 예약여부를 신속하게 전달할 수 있다. 일반적으로 호텔들은 24시간 예약접수 시스템을 운영하고 있다.

(3) 팩시밀리 예약

팩시밀리 예약은 구체적인 내용을 한꺼번에 전달할 수 있는 장점이 있고, 전화 예약의 확인방법이나 견적서 제출방법으로 널리 활용하고 있다.

(4) 직접방문 예약

단위가 큰 예약이나 식음료, 부대시설과 함께 이루어지는 예약은 이를 확실히 성사시키기 위해, 관련 담당자들이 직접 예약당사자를 방문하여 예약을 받게 된다. 이때 제반조건들을 협의하여 결정하게 된다.

(5) 여행사를 통한 예약

국내 · 외 여행사로부터 접수되는 예약은 각 여행사와 맺고 있는 제반 조건에 의해 요금, 지급방법, 고객 특전 등이 결정되게 된다. 호텔 예약담당자는 제반조건에 대한 확인을 서식에 의해 송부하고 사본을 단체관광객이 도착하게 될 때까지 관리한다.

3) Over Booking and Turn Away

객실예약을 통해서 호텔은 최대한의 객실을 판매해야 하기 때문에 일반적으로 예약취소에 대비한 초과예약Over Booking을 받게 되는데, 이러한 초과예약의 통제가 되지 않으면 예약한 고객을 다른 호텔로 안내해야 하는 Turn Away의 상황이 발생하게 된다.

이러한 상황을 최소화하기 위해서 객실예약을 담당하는 직원들은 일정한 양의 초과예약을 받은 후에는 예약을 마감해야 하며, 저녁시간대에는 예약 변경이나 취소 등의 상황이 발생할 수 있기 때문에 업무의 특성상 자주 체크해야 한다.

4) 객실예약의 유형

(1) 보증예약

보증예약은 호텔의 정당한 예약취소Cancellation 절차에 따라 취소된 예약을 제외하고, 고객이 호텔투숙에 관계없이 예약된 객실에 대해서는 객실요금 지불을 보장하는 예약 형태를 의미한다.

일반적으로 보증예약의 수단으로는 다음과 같은 방법이 있다.

① 요금선불Payment

고객이 예약을 신청할 때 요금전액을 미리 지불하는 형태를 의미하며, 만약 요금을 미리 지불한 고객이 투숙하지 못했을 경우에도 호텔은 환불책임을 지지 않는 형태의 방법이다.

② 신용카드Credit Card

객실예약 시 고객의 신용카드 정보를 미리 받아서 만약에 고객이 노쇼를 발생시켰을 경우에 신용카드 회사에 객실요금을 청구하게 되는 방법이다.

(2) 비보증 예약

비보증 예약인 경우에는 예약 시 고객이 호텔에게 아무런 지급보증을 하지 않는 방법으로, 호텔과 고객이 약속한 예정시간까지 고객이 체크인을 하지 못하면 예약을 자동으로 취소되게 된다.

5) 객실예약의 일반 원칙

객실예약은 호텔의 입장에서는 매우 중요 부분일 뿐만 아니라, 고객이 객실을 원하면 가장 적합한 가격에 최적의 객실을 제공해서 고객의 만족도를 극대화시켜야 하고, 호텔의 입장에서도 최대의 이익을 창출해야 한다. 이를 위해 객실 예약부서에 근무하는 직원들은 객실판매를 위하나 정확한 정보와 지식 및 과정상의 절차를 확실하게 숙지하고 있어야 한다.

객실예약의 일반적인 원칙은 다음과 같다.(박영기 외, 2013, p.139 참조)

(1) 정확한 기록

예약사항은 예약대장Reservation Sleep에 나와 있는 규정된 내용을 정확히 기록하여야 한다.

(2) VIP는 부서장에 보고

예약자나 투숙 고객이 VIP로 판단되면 가능한 예약책임자가 받도록 하고, 소속부서장에게 보고한다.

(3) 예약상황 즉시 답변

예약의 가부 결정은 예약 신청자에게 즉시 알려주어야 하며, 객실의 여유가 없을 때에는 대기자 명단에 올려놓는 등에 대한 상황을 알려준다.

(4) 객실번호 미지정 원칙

예약접수 시 지정된 객실번호 부여는 안 되는 것을 원칙으로 하지만, VIP나장기투숙객 등 특별한 고객에게 객실번호가 지정되어 통보되었으면 Front Desk Room Clerk에게 반드시 알려주어 객실 배정에 혼선을 주지 않도록 해야 한다.

(5) 수시로 객실상황 확인

객실 예약사항은 객실경영에 매우 중요하며, 전체 매출에 커다란 영향을 미치므로 최대 판매를 위하여 수시로 판매가능 객실을 재확인하여야 한다.

(6) 예약상황 차트화

고객의 예약사항은 즉시 컴퓨터에 저장이 되지만, 예약장부, 예약카드, 예약조정차트에 기록하여 전체 예약담당자가 가시적으로 볼 수 있도록 해야 한다.

(7) 예약의 신축성

객실예약률은 점유율과 관계가 있고, 점유율은 매출과도 밀접한 관계가 있기 때문에 예약률을 높이기 위해서는 객실 종류별, 크기별로 신축성 있게 관리해야 한다.

(8) 초과예약의 필요성

객실 예약률이 높다고 하더라도 항상 예약취소는 발생하기 때문에 객실 점유율을 최대한 높이고, 최고의 매출을 올리기 위해서는 일정한 범위 내에서의 초과예약Over Booking을 할 수 있다.

(9) No Show나 Cancellation 대처방안

객실점유율이 높은 상황에서 예약고객이 투숙을 하지 않으면 객실경영에 손실을 입을 수 있기 때문에, 가급적이면 예약 접수 시 예약금Deposit을 받도록 한다.

02 호텔프런트데스크

프런트데스크는 호텔에서 가장 중요한 부서 중 하나라고 할 수 있으며, 수행하는 주요한 업무로는 체크인 업무, 체크아웃 업무, 객실 키 관리업무, 객실예약 업무, 객실배정 업무, 나이트클럭 업무 등이 있다.

1) 체크인 업무

체크인Check-in 업무는 프런트데스크의 업무 중 가장 중요한 업무로써 고객의 등록Registration을 담당하는 것인데, 이러한 업무를 수행하는 직원은 Front Clerk 또는 Room Clerk이라고 한다. 일반적인 체크인의 절차는 다음과 같다.(박영기 외, 2013, p.163 참조)

고객영접 ➜ 예약절차 확인 ➜ 등록카드 작성 ➜ 객실 배정 ➜ 지불조건 확인 ➜ 객실 키 제공 ➜ 등록카드 정리

(1) 고객영접

벨 데스크 종사원의 안내에 따라 고객이 프런트데스크로 올 경우, 밝은 미소로 인사를 하며 최대한 관심을 보이도록 한다.

(2) 예약절차 확인

예약 여부를 확인한 후 컴퓨터상으로 고객의 예약상황을 파악한다.

(3) 등록카드 작성

예약 확인 후 등록카드에 고객의 신상을 작성한다.

(4) 객실 배정

객실 배정 업무는 등록업무의 중요한 부분으로써 만실이 될 때까지 판매가능 객실을 특정객실의 범주에서 찾아 고객에게 배정하는 절차를 의미한다. 이러한 객실 배정은 예약에 의한 당일 도착예정 고객에게 객실을 배당하거나 당일 예약된 고객이 도착하기 전에 객실을 미리 정해 둠으로써 고객이 호텔에 도착하여 신속하게 객실에 투숙할 수 있도록 하기 위함이다. 따라서 프런트데스크의 객실 배정 담당자는 호텔의 모든 객실의 형태와 특징 및 객실의 요금을 파악하고 있어야 한다.

또한 현재의 객실상황이 어떤가를 명확하게 파악하는 것은 효율적인 객실배정을 위해 필수적이라고 할 수 있다. 객실을 배정할 때에는 호텔의 객실 평면도를 참고하여 각 층의 객실배정 상황을 조절해가면서 배정하는 것이 훨씬 능률적이며, 일반적으로 객실을 배정할 때에는 다음과 같은 예약조건에 따라 우선적으로 객실을 배정한다.(안광호 외, 2012, p.183)

- VIP 예약
- Block이 설정된 예약
- Connecting Room이나 Adjoining Room의 예약
- 특정 층이나 객실번호를 미리 지정한 예약
- 일행이 많은 고객이나 동일 층에 투숙하기를 원하는 고객
- 판촉부의 사전요구가 있는 고객
- Suite Room이나 소수 보유객실의 예약
- 관광이나 컨벤션을 위한 단체고객
- 고객의 혼잡이 예상되는 주말이나 휴일 등의 초과 예약

고객이 등록카드를 작성하는 동안 프런트데스크 근무자는 객실정비 상태를 확인한 후 객실정비가 완료된 객실을 고객에게 배정한다.

① 지불조건 확인

고객에게 지불조건을 확인한 후 현금으로 결재하거나 신용카드로 결재할 경우, 객실요금을 신용카드로 승인받아 놓는다.

② 객실 키 제공

고객에게 객실 키를 제공한 후 감사의 인사말을 전한다.

③ 등록카드 정리

등록카드 내용을 컴퓨터에 입력 후 수정해 놓는다.

(5) 단체고객의 등록 절차

단체고객의 체크인은 많은 사람들이 동시에 도착하기 때문에, 프런트데스크가 매우 혼잡하기 때문에 단체의 인솔자와 긴밀하게 협조하여 간략한 등록절차를 밟는 것이 바람직하며 그 절차는 다음과 같다.(안광호 외, 2012, p.191 참조)

① 단체예약의 확인

당일 도착예정 단체에 대한 이용객실수의 변경 유무, 객실 형태, 인원수, 도착시간, 교통편, 식사, 수화물 요금지불방법 등을 재확인한다.

② 객실배정

단체고객의 객실배정은, 가능하면 일반 고객과 분리하되 같은 층으로 배정하는 것이 효과적이다. 객실배정 시에는 고객 간에 상호 연락이 가능하도록 단체투숙자 명부를 작성하여 나누어 주어야 하며, 만약 고객들 간에 객실을 변경해야 하는 경우가 발생하면 객실 내의 미니바나 전화서비스 요금 등이 객실별로 부과된다는 사실을 인지시켜 체크아웃시의 혼란을 방지하도록 해야 한다.

③ 단체의 도착

단체고객의 체크인시에는 혼잡을 피하기 위해 고객에 대한 구체적인 정보를 미리 체크하여 대기시간을 최대한 단축하도록 해야 한다. 단체고객의 도착 예정시간에는 벨맨이나 판촉담당자가 로비에 대기하여 단체고객들을 영접해야 하며 주의사항은 다음과 같다.

- 당직지배인이나 단체고객 담당자가 그룹 코디네이터 역할을 담당하여 단체에 대한 등록업무를 처리하고, 단체인솔자들과 원활한 커뮤니케이션을 통해 등록업무가 신속하게 진행되도록 한다.
- 대규모 단체인 경우에는, 별도의 등록처를 마련하여 일반고객이 불편하지 않도록 해야 한다.
- 프런트데스크 담당자는 단체 인솔자에게 객실배정 현황과 고객명단을 제공하고, 단체의 특이사항이나 모닝콜, 조식 등에 관련한 사항을 확인한 후 관련부서에 통보해야 한다.

④ 객실 키의 불출

객실명부에 기초하여 객실배정이 완료되면 키홀더에 객실번호, 고객성명을 기입하여 고객별로 키를 나누어 준다.

⑤ 단체등록 시 확인사항

단체등록 업무에 있어서는 숙박비의 지불방법이 가장 중요한 사항이기 때문에 호텔이 규정하는 범위 내에서 고객이 원하는 지불방법을 정확하게 확인한다.

- 객실료 및 식사요금을 일괄 지불하는 경우 : 단체 인솔자만 등록하게 하고, 고객명단이 준비되지 않은 단체는 투숙과 동시에 인솔자가 개별고객의 정보를 기록하여 제출하도록 한다.

- 일부비용만 일괄 지급하는 경우 : 객실료와 조식은 단체 인솔자가 일괄 지불하고 개인서비스는 개인이 지불하는 경우이다.
- 아침식사 확인 : 단체인 관계로 많은 사람이 동시에 식사를 해야 하기 때문에 단체가 요구하는 식사의 종류, 인원, 시간 등을 등록이 종료됨과 동시에 식음료부서의 담당자에게 통보한다. 만약 추가적으로 변경사항이 발생할 경우에는, 적절한 절차를 거쳐 변경하도록 하고 변경 내용을 즉시 식음료부서에 통보해야 한다. 일반적으로 단체의 등록 시에는 아침식사를 위한 쿠폰을 객실 키와 함께 고객에게 나누어 준다.
- 모닝콜의 확인 : 모닝콜을 확실하게 실행해야 하며, 단체는 많은 사람이 동시에 이동하기 때문에 시간에 차질이 생기면 다음 일정에 차질이 생기게 된다.
- 인솔자 식사쿠폰 발행 : 일반적으로 단체를 인솔하는 인솔자에게는 호텔에서 무료로 식사를 제공하므로 무료라는 내용을 표시한 쿠폰을 인솔자에게 전달한다.

2) 체크아웃 업무

일반적으로 체크아웃은 고객이 투숙 중 사용한 빌Bill의 사용여부를 확인한 후 사용금액을 정산하고 프런트 캐시어에게 키를 반납하는 과정을 의미한다.

표 5.1 체크아웃 과정

01 당일 체크아웃 현황 파악	08 미등록 요금 포스팅
02 고객의 체크아웃 신청 접수	09 리마크 확인
03 객실번호와 고객성명 확인	10 청구금액 확인
04 객실 키 수령	11 지불방법 재확인
05 미니바 이용 문의	12 투숙에 대한 감사인사와 재방문 요청
06 하우스키핑에 미니바 재확인	13 영수증 전달
07 등록카드 및 영업장 사용한 빌 확인	14 관련서류 정리

자료 : 박영기 외, 2013, p.181 참조

일반적으로 체크아웃 업무는 위의 표와 같은 순서대로 진행된다. 일부 호텔에서는 VIP 고객을 위한 별도의 층에서 체크아웃을 진행하는 호텔도 있으며, 일부 호텔에서는 객실 내에 모니터를 설치하여 객실 내에서도 체크아웃을 하도록 하는 호텔도 있지만, 일반적인 경우는 프런트데스크에서 체크아웃 과정을 진행한다.

(1) 일반고객의 체크아웃

일반적으로 체크아웃 시 고객들이 사용하는 정산수단으로는 신용카드, 체크카드가 일반적이며, 현금이나 수표 등으로 결제를 대신하는 상황도 발생하게 된다. 또한 체크아웃 하는 고객이 청구내역에 대해 궁금한 점을 질문하게 되면, 서비스 내역의 항목별로 자세한 설명이 필요하다고 할 수 있다. 혹시라도 정산 시 수정해야 할 상황이 발생하면 즉각적으로 처리하여 고객이 기다리는 시간을 최소화해야 하며, 고객이 질문에는 항상 정중하게 답해야 한다.

위에서 언급된 부분의 중요성은 서비스 품질적인 관점에서 고객의 대기시간을 최소화하여 서비스 품질 평가기준 중 반응성Responsiveness 부분의 만족도를 극대화시켜야 하면 언제나 친절하고 정중한 태도로 고객의 질문에 응대함으로서 공감성적인 측면에서도 고객만족을 극대화시키는 것이 중요한 부분이라고 할 수 있다.

(2) 단체고객의 체크아웃

단체고객이 체크아웃 하는 상황에서는 많은 투숙객이 동시에 체크아웃을 하는 경우가 발생하기 때문에, 고객들의 대기시간이 길어질 수밖에 없는 상황이 발생하게 된다. 이러한 상황을 어떻게 대처하느냐가 호텔의 서비스에 대한 만족도를 좌우하는 중요한 상황이기 때문에, 프런트데스크 담당자는 미리 이러한 상황에 대하여 대비하고 있어야 한다.

또한 단체고객의 체크아웃 시에는 여러 객실의 미니바를 점검해야 하기 때문에 시간이 오래 소요될 수 있고 계산이 누락될 수도 있다. 따라서 이러한 상황에 대비하여 단체를 인솔하는 인솔자와 미리 커뮤니케이션을 통하여 체크아웃 하는 정확한 시간을 정한 후 준비하면 다양한 시행착오를 줄여서 고객들의 대기시간도 줄어들 수 있기 때문에, 자연스럽게 높은 수준의 서비스 품질을 가진 서비스를 제공받는다고 고객들은 느낄 수 있다.

(3) VIP 고객의 체크아웃

VIP 고객의 경우에는 본인이 체크아웃을 진행하는 경우도 있지만, 일반적으로 비서 등 다른 사람에 의해서 체크아웃이 진행되는 경우가 많다. 따라서 고객이 객실에 아직 투숙 중인데도 인터넷 사용이나 전화 사용 등에 불편을 초래할 수 있기 때문에 체크아웃 수속을 마쳤더라도 다시 한 번 객실에 고객의 투숙여부를 다시 한 번 체크하는 것이 매우 중요한 부분이라고 할 수 있다.

(4) Late 체크아웃

일반적인 경우, 호텔의 체크아웃시간은 정오인 낮 12시를 기준으로 하는 경우가 많다. 하지만 고객의 사정상 체크아웃의 진행이 늦게 진행될 수 있는데, 이러한 경우에는 추가요금을 부과하게 된다. 추가요금은 일반적으로 오후 3시까지는 30%, 3시부터 6시까지는 50%를 부과하는 경우가 많지만, VIP나 EFL은 예외를 둘 수 있다.

(5) Skipper의 처리

Skipper란, 투숙한 고객이 호텔이 규정하는 정당한 체크아웃 절차를 거치지 않고 아무런 예고 없이 호텔을 떠나는 경우가 있는데, 이러한 고객을 Skipper라고 하며, 이러한 상황이 발생했을 때에는 아래와 같은 절차로 업무를 수행하면 된다.(안광호 외, 2012, p.214)

- 고객이 등록 시에 기록한 정보를 이용해 신원을 확인하고 신원이 확인되는 경우, 지불방법과 기간을 확인하여 여신부서에 통보한다.
- 신원 확인 불가능한 경우, 여신 부서와 협의하여 프런트오피스 책임자에게 보고하고, 총지배인의 결재를 득한 후 결손 처리한다.

3) 객실 키 관리 업무

객실 키 관리는 프런트데스크에서 수행하는 업무 중 가장 중요한 업무 중 한 가지라고 할 수 있는데, 이를 통하여 객실에 투숙하고 있는 고객들의 신변의 안전과 재산을 안전하게 보호해야 하기 때문이다.

객실 키의 종류와 기능은 다음과 같다

(1) Master Key

모든 객실을 열 수 있는 기능을 가진 키이다.

(2) Grand Master Key

모든 객실을 열 수 있을 뿐만 아니라, 한 번 더 잠그는 Double Lock까지도 열 수 있는 키이다.

(3) Floor Master Key

같은 층에 있는 모든 객실을 열 수 있는 키이다.

(4) Guest Room Key

객실 입실 시 고객에게 전달되는 키로, 투숙객이 객실의 입실을 위해서 필요한 키이다.

4) 객실예약 업무

객실예약이란, 호텔의 객실을 이용하고자 하는 고객이 호텔에 도착하기 전에 여러 가지 예약경로를 통하여 계약조건을 형성하여 고객과 호텔 간의 객실 이용과 사용에 대한 보장을 약속하는 것이라고 할 수 있다.(안광호 외, 2012, p.140)

호텔의 입장에서 객실예약은 매우 중요한 부분이라고 할 수 있는데, 예약을 통해서 호텔은 고객과 객실유형이나 요금, 이용시설들이 모두 결정되기 때문에 호텔의 매출액에 많을 영향을 미치기 때문이다.

호텔예약 부서에 근무하는 직원이 직무를 수행하기 위하여 보유해야 하는 사항은 호텔 상품에 대한 정확한 지식, 경쟁호텔의 상품에 대한 정확한 정보와 지식, 고객을 설득할 수 있는 능력 등이 있다.

각 항목별로 요약하면 다음과 같다.

① 호텔 상품에 대한 정확한 지식

객실예약 업무를 수행하는 호텔리어의 원활한 업무 수행을 위하여 숙지하고 있어야 할 지식은 다음과 같다.

- 호텔의 전반적인 안내사항
- 호텔 객실의 수와 종류
- 호텔 객실의 요금 및 객실 내의 시설물
- 호텔의 식당 종류와 영업시간 및 제공되는 메뉴 및 주요한 메뉴의 가격
- 호텔의 부대시설 종류와 영업시간 및 제공되는 상품

② 경쟁호텔의 상품에 대한 정확한 정보와 지식

경쟁관계에 있는 주요한 호텔의 객실 상품과 특별한 사항에 대한 지식을 숙지하고 있어야 한다. 이러한 지식을 보유함으로서 고객들의 선택을 위한 비교

에 대해 명쾌한 답변을 제공함으로써 서비스 품질 평가기준의 가장 중요한 부분 중 하나인 확신성Assurance을 극대화함으로써 고객들의 만족도를 높여주어야 한다.

이러한 고객들의 만족도 극대화는 고객들의 반복구매를 유도함으로써 치열한 글로벌 브랜드들이 경쟁하는 호텔산업에서 경쟁사에 비해 경쟁우위를 확보할 수 있다.

③ 고객을 설득할 수 있는 능력

호텔 객실예약 업무를 수행하는 호텔리어는 고객의 욕구를 파악하여 고객이 경쟁관계에 있는 호텔의 객실 상품이 아닌, 자사의 객실 상품을 구매하도록 설득할 수 있는 능력을 보유해야 한다.

5) 객실배정 업무

프런트데스크에 근무하는 직원은 고객이 등록카드를 작성하는 동안 객실정비 유·무를 확인한 후 만약 객실정비가 이루어지지 않았을 경우 신속하게 다른 객실로 배정해야 한다.

고객이 미리 예약한 객실과 동일하더라도 다시 한 번 더 고객이 원하는 객실에 대한 재확인을 실시하여 룸 체인지를 하는 경우를 줄이도록 한다. 일반적으로 단체객실 배정은 소음과 혼잡함 등의 문제가 일어날 수 있기 때문에 가능한 한 같은 층 또는 그룹 층으로 배정하는 것이 무난하다고 할 수 있다.

6) 나이트클럭 업무

나이트클럭Night Clerk이란, 프런트오피스에서 야간업무를 담당하는 호텔리어를 의미하는데, 프런트데스크의 야간 업무는 주간업무와 연속성을 가진 직무이기 때문에, 주간에 근무한 근무자로부터 정확하게 업무를 인수인계 받는 것이 매우 중요한 부분이라고 할 수 있다.

나이트클럭의 주요 업무는 다음과 같다.(안광호 외, 2012, p.215 참조)

① 객실 키의 확인

객실 키와 객실판매 현황판을 비교하여 객실의 공실여부를 확인해야 한다.

② 미도착 고객명단 확인

당일도착 예정 고객임에도 불구하고 체크인하지 않은 고객에 대해서는, 그 명단을 작성하여 예약 시에 정한 절차에 따라 처리하도록 한다.

③ VIP고객 현황 숙지

당일 도착 예정인 VIP고객 명단을 파악하여 체크인 완료 여부를 확인하며, 이미 투숙중인 VIP고객의 현황을 파악하여 보고서를 작성한다.

④ 슬립아웃 룸의 점검

슬립아웃Sleep Out)이란, 고객이 투숙하고 있는 기간 동안 호텔 객실을 이용하지 않고 외부에서 숙박하는 경우를 의미하는데, 이러한 경우에는 고객이 객실에 체크인 하였지만 실제로는 객실을 사용하지 않은 경우이다.

⑤ 익일 업무수행 준비

익일 아침의 프런트데스크 업무의 원활함을 위하여 익일 도착예정 고객의 등록카드, 익일 출발예정 고객의 명단, 야간에 일어났던 특이사항 등을 구체적으로 정리하여 익일아침에 근무하는 근무자에게 인수인계를 해주는 것이 매우 중요한 부분이라고 할 수 있다.

03 EFL

귀빈층은 EFLExecutive Floor Lounge이라고 하는 비즈니스 층을 운영하여 고객에게 특별한 서비스를 제공하는 호텔 내의 작은 호텔의 기능을 갖추고, 복잡한 업무에 시달리는 비즈니스 고객들을 위하여 보다 편리하고 안락한 객실과 부대시설 및 식음료서비스를 제공하여 일반 객실과 차별화된 최고급 서비스를 제공하는 특별한 층을 의미한다.

호텔도 기업이기 때문에 이윤 창출이 가장 중요한 부분이라고 할 수 있는데, 이러한 관점에서 볼 때 일반 고객이 아닌 귀빈층을 사용하는 고객들은 호텔에서 제공받는 서비스의 품질에 따라서 반복적으로 호텔을 이용하는 데에 많은 영향을 받게 된다고 할 수 있다. 따라서 호텔서비스 중에서 다른 부서의 서비스도 중요하지만, Executive Floor LoungeEFL의 서비스는 특히 중요한 부분이라고 할 수 있다. 때문에 호텔의 입장에서는 투입하는 인적자원의 선발이나 교육 및 훈련과 관련해서도 매우 많은 신경을 쓰는 부서이다.

또한 귀빈층에서 식음료서비스를 담당하는 직원을 버틀러Butler라고 하는데, 버틀러 서비스를 제공하는 호텔리어는 정확성과 신속성을 갖춘 서비스를 제공해야 하며, 귀빈층의 모든 서비스들에 대해서 고객들은 허용구간이 매우 좁기 때문에 작은 실수도 용납되지 않는 중요한 부서라고 할 수 있다. 특히 EFL은 서비스 품질의 관점에서 볼 때, 서비스 PZB의 서비스 품질 평가기준 다섯 가지인 유형성Tangibility, 신뢰성Reliance, 반응성Responsiveness, 확신성Assurance, 공감성Empathy이 모두 매우 높은 수준이 되어야 고객들의 만족도가 높기 때문에, 완벽한 서비스 제공이 요구될 뿐만 아니라 다른 경쟁호텔과의 경쟁도 매우 중요한 부분이라고 할 수 있다.

일반적으로 EFL을 이용하는 주 고객은 비즈니스 고객의 경우가 많기 때문에, 다른 호텔의 EFL 서비스를 받은 경험이 있을 확률이 높기 때문에 다른 경쟁호텔과의 경쟁에서 차별화된 서비스를 제공하여야만 이 부분에서의 경쟁우위를 확보할 수 있다. EFL에서 제공하는 주요 서비스는 다음과 같다.

1) 메시지서비스

대부분의 EFL에 투숙하는 고객들은 프런트데스크를 거치지 않고, 바로 EFL 라운지로 올라와 체크인을 하거나 라운지를 이용한다. 그러기 때문에 프런트 데스크에 메시지를 남겨놓으면 번거로움이 발생될 수도 있고, 즉시 전달되지 않을 수 있다. 따라서 EFL에 메시지를 남기게 되면 즉시 전달받을 수 있다.

2) 회의실서비스

EFL의 특별한 장점 중 하나는 비즈니스 상 환담을 나누거나 회의를 하고자 할 때 작은 회의실이 일정 시간동안 무료로 제공된다는 것이다. 비즈니스센터의 회의실은 일반고객들이 일정금액을 지불하고 사용하지만, EFL 회의실은 EFL 고객만이 사용할 수 있는 회의실이다.

회의실 안에는 회의용 테이블과 의자, 각종 사무용 기기와 컴퓨터는 물론 팩스, 복사기 등이 구비되어 있다. 그리고 PC를 이용한 영업회의에 사용할 수 있는 빈 프로젝트, 화상통화 시설 같은 각종 기기 등도 구비하여 비즈니스 고객이 개인 업무를 보는 데에 불편하지 않도록 편익을 제공한다.

3) 팩스서비스

대부분 EFL 객실에는 개별번호가 부여된 팩스(복사 또는 프린터 겸용)가 설치되어 있어, 고객이 직접 팩스를 송·수신이 가능하도록 되어 있다. 하지만 사용법에 어려움이 있거나, 직원에게 직접 서비스를 원할 때는 도움을 제공한다.

04 호텔비즈니스센터

비즈니스센터는 비즈니스 고객들이 가장 많이 사용하는 팩스, 컴퓨터, 회의실 등의 시설과 장비를 갖추고 고객이 비즈니스를 수행하는데 있어서 필요한 업무를 담당하는 장소이다.

특히 비즈니스 고객들에게 비즈니스센터는 객실과 같이 호텔서비스 중에서도 매우 중요한 장소이기 때문에 호텔마다 표적시장의 차이가 있지만, 특히 비즈니스 고객들이 많이 사용하는 호텔의 경우에는 비즈니스센터의 서비스에 더 많은 물적 · 인적 자원을 투입하여 서비스 품질을 높이는 것이 매우 중요하며, 같은 포지셔닝 상에 있는 경쟁 호텔과의 경쟁에서 우위를 점하는 중요한 포인트가 될 수 있다고 할 수 있다.

일반적인 호텔의 비즈니스센터의 주요 업무는 아래와 같다.

1) 팩스서비스

팩스서비스는 비즈니스 고객들이 가장 필요한 서비스 중 하나이기 때문에, 서비스를 요구하는 고객들의 니즈에 알맞은 서비스를 신속하게 제공해 주는 서비스가 필요하다고 할 수 있다.

2) 복사서비스

복사서비스 또한 비즈니스 고객들에게 가장 중요한 서비스이기 때문에, 호텔에서는 복사서비스와 관련된 최신 장비들을 갖추고 신속하게 고객들의 요구에 알맞은 서비스를 제공해야 한다.

3) 예약서비스

비즈니스 고객들은 일반적으로 많은 예약과 약속이 잡혀 있는 일정인 경우가 많기 때문에 항공권, 투어 관련, 렌터카 관련 예약 및 취소 업무를 신속하고 정확하게 제공해서 고객들의 만족도를 극대화시키는 것이 중요한데, 호텔에서 이러한 서비스를 제공함에 있어서 가장 중요한 부분은 정확성이라고 할 수 있다. 아주 사소한 부분이라도 착오가 생기면 큰 실수를 할 수 있기 때문에 정확하게 업무를 수행해야 하며, 아무리 호텔의 다른 서비스에서 만족도가 높은 고객이라도 예약서비스와 관련해서 문제가 생기면 불평을 토로할 수 있다. 때문에 같은 예약이나 사안에 대한 재확인이 꼭 필요한 서비스라고 할 수 있다.

05 교환업무

호텔의 교환실은 Private Branch Exchange, Operator, Switch Board 등으로 불린다. 호텔의 교환실에서 근무하기 위해서는 다양한 국가의 고객들을 대상으로 하는 직무가 많기 때문에, 영어 및 기타 외국어 구사 능력이 매우 중요한 부분이라고 할 수 있다.

또한 외국어 능력의 구사와 함께 매우 중요한 부분이 전화 및 고객응대 서비스 매너라고 할 수 있는데, 외국어 실력이 아무리 우수하더라도 고객 응대 서비스매너를 갖추지 않으면 고객들은 교환실의 업무에 대한 만족도가 떨어지며, 이러한 점은 호텔 전체의 이미지에도 부정적인 영향으로 작용할 수 있기 때문이다.

호텔 교환실의 주요한 업무는 다음과 같다.

1) 안내업무

고객들은 다양한 안내와 관련된 사항을 교환실에 문의하게 되는 호텔의 위치 안내, 당일 호텔의 행사 안내, 호텔 업장의 전화번호 안내와 관련된 내용을 문의하기 때문에, 이러한 내용들을 안내해야 한다. 최근에는 스마트폰의 일반화로 인하여 이러한 안내문의가 증가하는 추세라고는 할 수 없지만, 꾸준히 안내와 관련된 문의가 있기 때문에 항상 호텔의 전반적인 내용을 숙지하고 있어야 한다.

호텔 교환실의 중요성은 매우 크다고 할 수 있는데 신속하고 정확한 안내를 하게 되면, 고객들의 만족도가 매우 높아져 호텔서비스의 구매율과 재방문율 등에 많은 영향을 미칠 수 있다. 서비스 품질관점에서 보면 확신성Assurance과 반응성Responsiveness이 가장 중요한 평가 기준이 될 수 있는데, 안내원이 고객들의 질문에 대하여 제대로 답을 하지 못하면 고객들은 서비스 품질의 확신성이 낮아지게 되며, 정확한 답변을 신속하게 하지 못하면 반응성이 떨어지게 된다.

따라서 호텔 교환실에 근무하는 직원들은 호텔 업장의 영업시간 및 당일 호텔의 행사, 멤버십 관련 서비스 등 호텔의 안내와 관련된 업데이트 된 정보를 숙지하는 것이 중요하다.

2) 연결 업무

교환실의 업무 중 또 다른 중요한 업무 중 하나가 연결 업무라고 할 수 있는데, 교환실 직원은 근무시간에 구내전화, 국내전화, 국제전화 등을 연결해 주는 업무를 수행한다. 연결 업무 수행 시 고객의 객실번호 요청 시에는 고객의 이름으로 된 객실번호를 정확히 찾아 이름을 다시 한 번 확인한 후 연결해 준다. 만약 투숙객의 이름이나 객실번호로도 확인이 되지 않을 경우에는 프런트데스크로 전화를 연결해 주며, 이러한 상황에서는 고객의 불편이 초래될 수 있기 때문에 전화를 트랜스퍼Transfer한다는 것을 정중하게 공지한 후 프런트데스크에 이러한 상황을 정확하게 알린 후 연결하도록 한다.

이러한 교환실의 연결 업무는 원활하게 연결이 이루어지지 않으며, 고객의 컴플레인도 일어날 수 있으며 호텔에 대한 만족도나 이미지에 많은 부정적인 영향을 미칠 수 있기 때문에 확실한 매뉴얼 및 상황 대처가 필요하며, 만약 연결 업무 수행 시 문제가 발생하면 신속하게 고객에게 정중한 어투로 사과하는 것도 중요한 부분이라고 할 수 있다.

3) 모닝콜 서비스

모닝콜은 웨이크업 콜Wakeup Call이라고도 하며, 교환실에서 수행하는 직무 중 가장 중요한 직무의 하나라고 할 수 있다. 최근에는 투숙객 스스로 본인이 일어나는 시간을 입력하는 모닝콜을 활용할 수 있는 방법도 있지만, 그래도 확실한 서비스를 받을 수 있기 때문에 모닝콜을 신청하며, 모닝콜은 제대로 서비스가 이루어지지 않으면 고객의 입장에서는 다양한 피해가 발생할 수 있기 때문에 꼭 이루어져야 하는 서비스라고 할 수 있다.

06 호텔객실 영업

1) 객실영업 부서장의 업무

객실영업 부서장은 총지배인, 부총지배인 또는 객실담당 인원의 지원을 받으며, 객실영업 업무를 총괄하고 인원 배치, 예산 수립, 정보 교환, 각종 서비스 프로그램 등을 수행하며, 주요 업무는 다음과 같다.

- 야간 회계감사와 업무보고서 확인
- 예약상황의 확인 및 예약시스템 모니터링
- 프런트오피스 직원들과 원활한 의사소통
- 객실예약, 고객등록, 고객서비스의 감독
- 고객서비스를 위한 부서 간 의견교환 및 업무협조체계 유지
- 마케팅 계획에 의한 일일매출 목표수립 및 이행
- 부서 간 고객계산 관계 정리 및 관리임원에게 보고 및 승인 업무
- 객실영업 부분 예산수립
- 일별, 주별, 10일간, 월별 객실예측보고서 작성 및 배부
- 영업을 위한 거래처 관계유지
- 객실영업부서 직원들의 인사, 복리후생, 스케줄 관리
- 기타 총지배인, 부총지배인 또는 객실담당인원의 요구사항 추진보고

2) 객실영업 지배인의 업무

객실영업 지배인은 객실영업 실무자로서의 역할과 고객과 호텔경영층의 중간 연결자 또는 문제 해결자로서의 역할과 객실영업 부서원의 대고객 서비스 업무를 지원한다. 또한 고객과 호텔의 안전을 위해서 24시간 비상체제를 유지하는 임무도 수행하며, 일반적으로 여러 호텔에서 객실영업 부지배인이 예약지배인이나 당직 지배인의 역할을 수행하는 경우가 많다.

오전조, 오후조, 야간조로 구분하지 않고 일반적인 객실영업 지배인의 주요 업무는 다음과 같다.

- 전임 근무자와 인수인계 및 필요사항에 대한 조치
- 코멘트센터에 근무임을 통보하고 호텔 마스터키 확인
- 일일영업보고서 검토 · 수정 · 보완

- 근무에 필요한 정보 확인(객실 현황, 연회 현황, 단체고객 상황 등)
- 예약상황과 판매가능 객실 수의 확인
- VIP 파악
- 긴급사태 발생 시 임원진에게 보고하고 현장 지휘업무 수행

호텔서비스 실무 Hotel Service

CHAPTER 06

호텔하우스키핑

호텔서비스 실무 Hotel Service

01 호텔하우스키핑의 이해

하우스키핑 부서는 객실의 청소와 시설비품의 유지관리뿐만 아니라 식당, 회의실, 복도, 현관 등 호텔의 모든 장소와 리넨Linen류와 직원의 유니폼 등 기타부서에까지 관리영역의 범위가 넓다.

02 호텔하우스키핑 부서의 주요업무

1) 객실의 청소 및 정리정돈

하우스키핑 부서는 빈 객실, 투숙중인 고객의 재실 청소 등 호텔이 보유한 객실의 청소와 정리정돈의 업무를 신속히 수행하여 객실을 효과적으로 판매하도록 하고, 투숙객이 청결한 객실에서 체류할 수 있도록 한다.

2) 객실의 설비와 비품의 정리

하우스키핑 부서는 객실에 비품과 소모품을 보급하여야 하는데, 이는 고객의 편의를 위하여 일정한 비품과 소모품을 양질의 것을 보급하도록 하고 사용하기 적당한 장소에 제공하여야 한다.

3) 객실용의 리넨류 및 소모품의 저장과 관리

하우스키핑 부서는 객실용 리넨류와 소모품, 식음료 관련 소모품을 저장하여야 한다.

4) 세탁물서비스

하우스키핑 부서는 투숙객이 투숙하는 동안 의뢰하는 세탁물서비스를 정확하게 고객이 원하는 시간에 제공해야 한다.

5) 분실물관리서비스

하우스키핑 부서는 고객이 객실이용 시 분실한 물건을 보관하여 돌려주는 역할도 수행해야 한다.

6) 공공장소의 청소 및 관리

하우스키핑 부서는 고객의 객실뿐만 아니라 각층의 복도, 엘리베이터, 에스컬레이터, 호텔 출입문, 주차장 등의 모든 장소를 청결하게 관리해야 한다.

7) 고객의 불평처리

하우스키핑 부서는 호텔의 객실뿐만 아니라 호텔의 모든 시설에 관한 고객의 불평이 접수되면, 이를 잘 해결해서 고객의 만족도를 높여 고객들의 재방문을 극대화하여야 한다.

03 호텔하우스키핑 관련 인적자원의 주요업무

1) 하우스키퍼의 업무

하우스키퍼는 하우스키핑 분야의 책임자로서 객실정비, 유지관리 및 비품관리에 중점을 두고 하우스키핑 부서의 모든 직원들에게 작업을 지시하고 감독하는 업무를 수행한다. 하우스키퍼가 수행해야 할 주요업무는 다음과 같다.

(1) 인적자원관리

- 적정수의 직원 유지관리를 한다.
- 신입직원의 채용 및 교육훈련을 실시한다.
- 부하직원의 후생 및 복지관리를 한다.
- 업무계획의 작성 및 업무를 할당한다.

(2) 원가관리

- 예산을 수립한다.
- 가격의 적정성을 확인한다.
- 각종 기록의 유지 및 분석을 한다.
- 적정 소요물품의 계산 및 집행을 한다.

(3) 자재관리

- 각종 물품의 이용 가능성을 파악한다.
- 재고조사 및 확인을 한다.
- 장비에 관한 주문 및 수리를 한다.

(4) 업무관리

- 청소의 감독 및 청결유지를 한다.
- 열쇠의 취급 및 관리감독을 한다.
- Lost and Found의 처리감독을 한다.
- 안전 및 화재예방을 위한 관리를 한다.

2) 인스펙터의 업무

룸 인스펙터Room Inspector는 객실 점검원을 의미하며, 주요업무는 다음과 같다.

- 키를 수령한다.
- 룸 메이드가 보유하고 있는 리넨 및 보급품의 적정량 여부를 확인한다.
- 청소상태, 인쇄물, 소모품 및 비품의 정리정돈 한다.
- 룸 메이드가 청소한 복도 및 메이드 창고를 점검한다.

3) 룸 메이드의 업무

룸 메이드Room Maid는 하우스맨의 도움을 받고 룸 인스펙터의 지시에 따라 객실의 청소를 담당하며, 주요 업무는 다음과 같다.

- 청소도구 및 객실용품을 준비한다.
- 창문을 열고 객실비품 및 소모품의 점검과 파악 · 보고한다.
- 분실물 취급Lost and Found을 확인하고 사무실에 보고한다.
- 리넨의 교체 및 세탁물을 수거하여 처리한다.
- 객실청소 및 침대정리를 한다.
- 타월, 가운(Robe) 등의 용품을 체크한다.
- 정리가 다 끝나면 프런트에 보고한다.

4) 하우스맨의 업무

하우스맨House Man은 호텔의 성격과 규모에 따라서 주어진 직무의 내용이 다르며 객실, 로비, 연회실에 종사하는 하우스맨, 집기의 손질과 운반을 전담하는 하우스맨, 청소를 맡은 하우스맨 등 그 명칭도 다양하다고 할 수 있다. 다시 말하면, 하우스맨은 보통 여성이 감당하기 어려운 업무에 대해서 하우스맨이 전담하거나 보조적으로 일처리를 하게 된다.

5) 리넨 업무

리넨Linen이란, 마직류를 의미하는데, 호텔에서는 면이나 화학섬유로 만들어진 타월, 냅킨, 시트, 담요, 유니폼, 커튼 등을 의미한다. 리넨 담당직원의 주요 업무는 다음과 같다.

- 정리객실 리스트를 작성한다.
- 객실정비 지배인에게 전달사항을 전달한다.
- 새로 구입한 것, 세탁한 것, 더럽혀진 리넨류의 숫자를 파악한다.
- 리넨을 구입하고 지급한다.
- 리넨의 수선 및 호텔 로고를 제작한다.
- 타월, 냅킨 등을 수선한다.
- 오점을 제거한다.
- 리넨류의 재고를 파악한다.
- 분실 및 습득물에 관해 보고한다.
- 리넨룸을 청소한다.

6) 세탁실 업무

세탁실의 주요 업무는 다음과 같다.

- 세탁물의 접수와 이상유무의 사전확인 및 통보한다.
- 세탁물에 관한 계산서 작성 및 발행을 한다.

- 세탁물의 분실 및 훼손을 방지한다.
- 세탁물의 정확한 전달 및 기록을 유지한다.(최병호 외, 2004, pp.141~153 참조)

04 호텔하우스키핑 부서와 타부서와의 업무협조

하우스키핑 부서는 호텔서비스에 있어서 업무의 특성상 특히 다른 부서와의 업무 협조가 꼭 필요한 부서라고 할 수 있다.(김홍일, 2014, p.145 참조) 하우스키핑 부서와 업무협조가 필요한 부서와 업무협조가 필요한 부분은 다음과 같다.

1) 프런트데스크

하우스키핑Housekeeping에서 객실정리가 완료되면, 고객이 객실에 입실해도 된다는 보고를 프런트데스크에 하게 되며, 이 보고를 받은 후 프런트데스크에서는 고객을 객실로 입실시키게 된다.

2) 시설부

객실의 시설에 문제가 발생하게 되면, 호텔의 입장에서는 객실을 판매하기 어렵기 때문에 신속하게 시설부에 연락하여 객실의 문제를 해결해야 한다. 이를 위해서 하우스키핑 부서는 객실의 여러 곳을 주의 깊게 살펴서 문제가 발생한 객실에 고객이 입실하지 않도록 해야 한다.

3) 세탁부

하우스키핑 부서는 세탁부와 신속하게 협조하여 리넨Linen의 공급이 원활하게 하도록 해야 한다. 특히, 호텔에 따라 다르지만, 리넨류의 세탁을 외부에 아웃소싱 하는 호텔의 경우에는 특히 세탁부와의 협조가 원활하게 이루어져야 한다.

4) 구매부서

구매부서는 모든 하우스키핑 부서의 비품 및 소모품을 구매하는 업무를 수행하기 때문에 하우스키핑 부서와 구매부서의 긴밀한 협조가 필요하다고 할 수 있다.

5) 판매부서

하우스키핑 부서는 판매부에서 고객들과 약속한 사항들이 지켜질 수 있도록 협의해야 한다. 특히, 특1급 호텔과 같이 규모가 큰 호텔의 경우에는 규모가 큰 컨벤션행사와 각종 연회행사 및 단체투숙객의 규모가 크면서 많기 때문에, 이러한 상황을 고려해서 고객들에게 제공되는 서비스와 객실 등에 문제가 발생하지 않도록 노력해야 한다.

05 호텔객실 청소

1) 청소준비

(1) 객실상황의 구분

호텔에서는 청소할 객실의 상황을 다음과 같이 분류해서 청소의 방법을 각각 다르게 적용한다.

① 사용하지 않았던 객실Vacant Room : 전날부터 사용하지 않았던 객실
② 퇴숙한 객실Check Out Room
③ 체재객실Stay Room : 고객이 계속해서 체재중인 객실
④ 특별히 주의해야 할 객실Special Attention Room : VIP 등이 사용하는 객실

이상과 같이 청소 객실의 상황을 구분해서 청소가 행해지나, ①에 관한 청소는 통상 간이청소라고 부르고 있는 청소이며, ②는 보통청소, 즉 통상의 청소가 행해진다. ③은 장기간 체재한 고객의 퇴숙 후의 객실에 관해서는 대청소가 행해진다. 간이청소, 보통청소, 보통청소, 대청소 또는 소청소, 중청소, 대청소라고 부르고 있는 호텔도 있다.(안광호 외, 2012, p.322 참조)

(2) 객실청소 기준서

이상과 같이 객실의 청소에 관해서는 청소객실 수를 구분해서 청소의 정도를 정하고 있으나, 이것을 상세하게 기준화한 객실청소 작업 기준을 설정해서 청소를 매일 행하는 작업과 일정의 간격을 두고 행하는 작업으로 분류된다. 그리고 이 기준서를 기본으로 해서 객실정비를 실시하고 검열을 능률적으로 행하는 것이 효율적인 객실관리 방안이라 할 수 있다.

표 6.1 객실청소작업 기준서

객실청소작업 기준(각 층 Station 보존)					
청소장소	매일 행할 작업		기간을 두고 행할 작업		주 기
	작업 내용	사용 용구	작업 내용	사용 용구	
RED	Make Bed	Sheet Pillow Case	매트리스 교체 Spread 교체		1개월 2개월
카펫	Cleaner	Vaccum Cleaner	얼룩제거	세제액	필요시
데스크 및 테이블	마른걸레로 닦음	Duster 전용걸레	수리 또는 교환	수리기구 교환품	

(3) 청소작업의 기준 소요시간

보통의 작업 경험과 작업 능력을 가진 객실관리부서 종사원이, 객실청소 작업에 소요하는 시간은 25분 내지 30분이라고 한다. 이와 같은 소요시간은 객실의 크기에 따라 달라질 수 있다. 따라서 호텔에서는 제각기 나름대로의 객실청소에 관한 표준 소요시간을 만들어서, 그 기준에 따라 객실청소 할당을 고려하는 것이 바람직하다.

표 6.2 작업 표준 소요시간의 예(보통청소)

대형 트윈베드 룸	40분
보통 트윈베드 룸	30분
싱글 룸	20분
스위트 룸	20분

2) 청소순서

객실청소의 순서는 호텔마다 약간씩 다르지만, 일반적으로 '청소의 준비, 객실 내의 점검, 베드 메이킹, 욕실의 청소, 비품류의 정리, 청소 후의 체크' 등의 순서로 행해진다.

(1) 청소의 준비

작업을 시작하기 전에 Floor Captain으로부터 작업에 관한 지시를 받고 각종 청소도구의 점검, 객실청소 체크리스트의 소지, 소모품 및 린넨류를 점검한 후 객실도어에 Make Up 카드가 있는 객실부터 청소를 실시하고, Do Not Disturb 카드가 있는 객실은 입실하지 않는다.

(2) 객실 내의 점검

고객의 잔류품을 발견하면 플로어 하우스키퍼Floor House Keeper에 전달하거나 또는 하우스키퍼에게 연락을 취한다. 고객의 잔류품이 버려진 물건으로 판단이 되지 않는 경우에는, 담당자가 독자적으로 조치를 취하지 말고 반드시 플로어 하우스키퍼에게 보고해서 조치를 받는다.

이와 같은 고객의 유류품은 객실관리부의 Lost and Fund에서 관리하기도 하고, 호텔에 따라서는 프런트에서 취급하기도 하지만, 고객으로부터 문의가 있는 경우에는 신속하게 확인할 수 있도록 해야 한다.

(3) 베드 메이킹

베드 메이킹Bed Making은 사용한 베드의 시트 등을 교체하고 새로운 베드를 만드는 작업이다. 따라서 베드 메이킹을 하기 전에 우선 사용한 리넨류Sheet, Pillow, Case를 벗겨서 처리한다. 또한 사용한 리넨의 처리는 다음과 같은 순서로 행해진다.

주요 단계	유의점
베드(Bed)를 만들기 쉬운 위치에 내놓는다.	보텀(Bottom)에 손을 넣어 꺼낸다.
베갯잇(Pillow Case)을 벗긴다.	베개의 밑에 잃어버린 물건이 없는가를 확인한다.
모포를 벗긴다.	안락의자(Arm Chair)의 위에 둔다.
시트를 벗긴다.	1매씩임
사용한 리넨류를 모은다.	수를 명확하게 함

사용한 리넨을 벗기기 전에 베드에 파자마나 하의류 등의 잃어버린 물건이 없는가를 조사한다. 사용이 끝난 리넨류는 메이드 카트의 론드리 백Laundry Bag에 넣어서 방의 입구에 모아둔다.

① 매트리스 위에 베드패드Bed Pad를 둔다

- 매트리스가 바르게 놓여있는 것을 확인하고, 그 위에 바르게 놓는다.

② 시트를 걸친다

- 겉을 위로 향하도록 하고, 중앙의 접은 부분이 베드의 가운데에 오도록 깐다.

③ 사방을 싼다

- 매트리스에 접어 넣는다.
- 포장하는 것과 같도록 각을 예쁘게 한다.
- 주름이 없도록 반듯하게 한다.

④ 담요를 걸친다

- 머리 쪽의 베드보드Bed Board로부터 약 30cm선에 둔다.

⑤ 시트와 모포를 매트리스 밑에 접어 넣는다

- 머리 쪽에서 약 30cm 나와 있는 시트를 모포에 따라 접어놓고 각을 만든다.

⑥ 베개를 베개 주머니에 집어넣는다

- 베개 주머니에 집어넣는다.

⑦ 베개를 둔다

- 케이폭Kapok을 밑에 하고, 중앙에 가지런히 둔다.
- 베갯잇Pillow Case이 입구에는 싱글의 경우에는 벽을 향해, 트윈의 경우에는 서로 다른 침대 쪽을 향하도록 한다.
- 베갯잇의 재봉선은 베드보드를 향하게 하고, 또한 케이스의 접을 쪽을 밑으로 향하도록 해서 놓는다.

⑧ 침대커버를 걸친다

- 베개의 위부터 전체로 걸친다.

- 끝이 바닥에 붙지 않도록 걸친다.

(4) 욕실의 청소

① 욕실의 청소 시 유의점

최근에는 유닛배스Unit Bath가 많이 채용되고 있으나, 상처를 내기도 하고 찌꺼기가 남기도 하기 때문에, 청소를 할 때에는 욕실에 사용하고 있는 소재에 맞도록 세제류를 사용하도록 한다.

② 욕실의 청소순서

욕실의 청소는 거의 다음과 같은 순서로 행해진다.

- 더러운 타월, 배스매트 등의 리넨류 분실, 파손을 조사하고 꺼낸 다음 수건걸이를 닦는다.
- 쓰레기통을 사용한 면도날과 비누, 재떨이, 오물통의 처리를 실시한다.
- 욕조 및 부속품류의 청소
  - 천장 배기구의 더러움을 물걸레로 닦아낸다.
  - 샤워 커튼을 열고 씻는다.
  - 욕조 주변의 벽면과 비누통을 씻는다.
  - 욕조의 내측은 흔적이 남지 않도록 깨끗이 씻는다.
  - 커튼, 수도꼭지를 닦는다.
  - 샤워기 머리나 손이 가는 부분을 씻어낸다.
  - 샤워를 사용해서 세제를 사용한 부분을 씻어낸다.
  - 동시에 샤워의 상태가 양호한가를 확인하다.
  - 수도꼭지, 커튼은 수분을 제거한다.

③ 화장실 청소

- 허리걸이 판을 들어 변기의 내측을 소독용의 세재를 사용해서 브러싱한다.
- 변기 속에 비누 등의 딱딱한 것을 떨어뜨렸을 경우에는, 브러시해서 흘려 보내서는 안 된다. 반드시 주워서 버려야 한다.
- 변기손잡이 허리 걸이판의 양면, 커버, 변기의 외측은 소독제를 사용하여 전용의 먼지털이로 잘 문지른다.
- 금속 부분은 물방울이 남지 않도록 마른걸레로 닦는다.
- 변기의 청소가 끝나면, 소독 완료의 테이프를 붙인다.

④ 바닥은 머리카락이나 먼지가 남지 않도록 세제를 사용하여 구석구석까지 잘 닦는다

⑤ 대야 및 주위의 청소

- 대야는 세제로 닦은 후 물방울을 잘 닦아낸다.
- 커튼 및 수도꼭지를 닦고 물기를 제거한다.
- 벽면 및 선반부분은 물걸레로 닦은 후 마른걸레로 닦는다.
- 거울은 흐림이 남지 않도록 마른걸레로 닦아낸다.

이상과 같이 욕실의 청소를 설명하였으나, 욕실의 청소 완료 후 비품을 정리해서 소정의 위치에 두고 최후에 잃어버린 물건이 없는지 체크한다.

(5) 비품류의 정리

객실 및 욕실의 청소가 끝나면, 객실 및 욕실에 소정의 객실 비품류를 세팅한다.

① 책상Writing Desk에 구성하는 비품

- Stationery Holder에는 편지지, 봉투, 엽서, 볼펜, 호텔 팸플릿, 수하물 꼬리표Baggage Tag, 호텔주변 안내서, 숙박약관, 의견 기입용지 등이 들어 있다.
- 룸서비스 메뉴

② 객실의 설비 및 비품의 정리

객실 내에는 각종 설비와 다양한 가구, 비품류 등이 비치되어 있으며, 그 명칭을 살펴보면 다음과 같다.

- Bed
- Nignt Table
- Baggage Stand
- Writing Desk
- Tea Table
- Arm Chair
- Wardrobe
- Floor Stand
- Carpet
- Bath Tub
- Shower
- Shower Curtain : 욕조에 들어가거나 샤워를 사용할 때에 물이 밖으로 나오지 않도록 하기 위한 것으로써, 사용할 때는 커튼의 끝을 욕조 속에 넣는다.
- Basin
- Chilled Water Faucet : 대야에는 찬물과 더운물의 Cock 이 붙어있으나 최근에는 제3의 Cock, 즉 Chilled Water Faucet가 추가되었다. 이 Cock에서는 식용의 냉각수가 나오기 때문에, 객실에 음료수용 냉각수를 넣었던 포트가

필요 없게 되었다.

- Toilet Bowl
- Mirror
- Chest of Drawers : 서랍이 붙어있는 정리 장롱이 있다. 최근의 호텔에는 이 정리 장롱에 사무용 책상을 짜서 붙이기도 하고, 화장대를 짜 맞추어 구성한 것이 많이 이용된다. 이 경우에는 정리 옷장을 두고 있는 벽면에 대형 거울을 부착한다.
- 글쓰기 스탠드램프
- 사무용 책상의 전기스탠드
- TV, 화장대
- 의자Stool : 화장대 앞에 둥글고 작은 의자

(6) 청소 후의 체크

① 침대

호텔객실 내에 비치된 가구로서 가장 중요한 것은 침대이다. 침대의 품질은 매트리스의 쿠션과 프레임에 의해 좌우된다. 그리고 침대의 크기는 침대의 폭에 따라 구분하고 매트리스의 두께에 따라 높이가 조정된다. 일반적으로 호텔용 표준 침대의 폭은 싱글침대 97cm, 세미더블 122cm, 더블 140cm 정도이다. 침대의 구성요소는 매트리스, 바닥스프링, 베드보드, 그리고 틀로 구성되어 있다.

② 각종 문구류 및 판촉물의 비치

객실정비 시에 손상되거나 더러워진 문구류는 반드시 새것으로 교환에서 객실 내에 비치해야 하며, 각종 판촉물은 정상적인 기능을 유지하고 있는지를 점검하고 비치하도록 해야 한다. 일반적으로 객실에 비치되는 문구류는 아래와 같다.

- 호텔 안내서Hotel Directory
- 호텔 브로슈어Hotel Brochure
- 전화번호부Telephone Directory
- 판촉용 브로슈어Promotional Brochure

③ 리넨류 및 소모품 관리

리넨은 호텔을 이용하는 고객의 서비스를 위해 사용되는 여러 종류의 직물을 말한다. 깨끗하고 잘 정돈된 리넨의 적절한 공급은 고객에게 기쁨과 만족감을 주지만, 불결한 리넨이나 수량이 부족한 경우에는 호텔 이용고객의 불만의 원인이 되기도 한다. 따라서 호텔에서 제공하는 리넨류는 그 호텔의 위생이나 청결의 수준을 고객에게 보여준다고 해도 과언이 아니며, 리넨류의 형태나 재질이 다양하기 때문에 철저한 관리를 필요로 한다.

- 객실용 리넨 구입은 리넨실에서 구입 의뢰하고 관리하며, 식음료부서 및 기타 부대 업장의 리넨류 구입은 해당 부서에서 구매 의뢰하여 관리한다.
- 식음료부서 및 기타 부대 업장의 신규 리넨 구입은 사용 부서에서 테이블의 규격, 용도, 실내 분위기에 맞게 구입, 관리한다.
- 정규 및 조리사의 유니폼 구입은 사용 부서에서 종업원의 인원 변동 및 내구연한을 고려하여 구입 의뢰하고, 인사부와 리넨실의 통제를 받도록 한다.

CHAPTER 07

호텔현관 서비스

호텔서비스 실무 Hotel Service

호텔의 현관 서비스는 유니폼 서비스Uniform Service라고 하는데, 호텔의 입구에서 근무하므로 호텔의 얼굴이라 할 수 있다. 현관 서비스는 크게 벨 데스크Bell Desk, 도어 데스크Door Desk, 컨시어지 서비스Concierge Service 등으로 되어 있다.

벨 서비스는 고객들이 짐을 옮기거나 맡기고 싶을 때 신속하고 친절한 서비스를 제공해야 하며, 투숙객들에게 객실안내를 하기도 하는 서비스이다.

주차대행 서비스인 발렛 서비스Valet Service는 고객 중에 자가운전자의 주차를 대행해 주는 것으로, 고객의 차량 중 주차대행을 위한 차량에 한하여 신속하고 정확하면서 안전한 서비스를 제공하여 고객들의 만족도를 극대화시키는 것이 중요한 부분이다.

컨시어지는 불어 'concierge'로 집사를 의미하는 용어이며, 컨시어지 부서에서 근무하는 직원은 다양한 지식을 요구하는 부서이기도 하다.

01 발렛 서비스

발렛 서비스Valet Service는 고객이 호텔에 진입할 때 가장 먼저 제공되는 서비스이기 때문에, 고객들에게 높은 반응성, 공감성 등의 높은 서비스 품질을 제공하여 호텔의 첫 인상을 긍정적으로 제공해야 한다.

발렛 서비스 과정은 고객이 호텔 현관에 도착하면 차량 상태를 확인한 후, 고객에게 발렛 티켓을 발급한 후 자동차 키를 보관한다. 그 후 고객이 호텔 이용을 마치면 발급했던 발렛 티켓을 회수하고, 발렛 요금을 받은 후 고객에게 차량 서비스를 제공하면 된다.

위에서 설명된 부분은, 일반적인 발렛 서비스와 관련된 과정이라고 할 수 있으며, 호텔을 자주 방문하는 VIP나 호텔에서 개최되는 다양한 행사에 참석하는 VIP와 관련된 발렛 서비는 특히 주의를 기울여야 하는 부분이라고 할 수 있다.

이렇게 VIP 발렛 서비스와 관련해서는, 미리 VIP 차량의 차량번호를 확인하고 VIP 도착 및 행사 종료 등과 관련된 부분에 대해서 호텔 구성원들끼리 신속하고 정확한 커뮤니케이션을 통해서 발렛 서비스를 제공하는 데에 있어서 차질이 없도록 하여야 한다.

02 도어 데스크

호텔을 이용하는 고객이 현관에 도착하면 가장 먼저 영접을 받게 되는 곳이 도어 데스크Door Desk이며, 도어 데스크에 근무하는 도어맨은 고객을 맞이하는 첫 직원이기 때문에, 호텔을 방문하는 고객에게 가장 강한 인상을 남길 수 있는 직원이다.

이렇게 고객과 첫 대면을 하는 도어맨의 서비스 품질에 따라서 고객은 그 호텔에 대한 좋은 인상 혹은 그렇지 않은 인상을 가질 수 있기 때문에, 호텔서비스에 있어서 도어 데스크에서 고객에게 제공하는 서비스는 매우 중요하다고 할 수 있다.

1) 도어맨 업무

도어맨Door Man은 독특한 모자와 복장을 하고 호텔의 방문 고객을 최초로 맞이하는 상징적 직원으로써, 호텔의 첫 번째 이미지를 전달한다. 현관에서 도착 고객의 영접과 출발 고객의 환송을 담당하고 현관의 차량 및 주차관리를 담당한다.

특급호텔 36년 도어맨 은퇴하는 권문현 씨

사례 4 J특급호텔 도어맨. 호텔의 낮은 직책 중 하나지만, 고객의 처음과 마지막을 책임지는 자리다. 서울 중구 소공동 웨스틴조선호텔 도어맨 권문현 씨(60)는 1977년 입사 이후 현재까지 36년 반평생을 도어맨으로 살고 있다.

그가 외우는 정재계 인사들의 차번호만 300개가 넘는다. 발렛파킹을 위해 벤틀리, 페라리, 마이바흐, 포니, 티코 등 안 몰아본 차가 없는 것은 직업으로 얻은 덤이다. 5월 퇴임을 앞둔 그가 겪은 도어맨은 무엇일까?

도어맨의 세계는 눈이 오든 비가오든 정중함이 생명이다. 근무 중에는 절대 큰소리를 내지도 뛰지도 않는다. 사적인 대화는 나누지 않는다. 진한 향수는 쓰지 않는다. 가글액은 항상 휴대한다. 금연은 기본이다. 체크아웃이 많은 오전 11시경에 맞춰 점심식사를 30분 만에 마친다. 하루 8시간 반을 꼬박 서있기도 한다. 이따금 무시하는 태도나 반말을 해도 절대로 감정을 드러내지 않아야 한다. 많게는 하루 60건의 체크인을 돕는다. 최대 200건의 고객 요청을 처리한다.

에스코트에서 가장 중요한 것은 고객의 특성과 선호를 파악하고 이를 기억하는 일이다. 권씨는 차번호를 암기하기 위해 수차례 테스트를 봤다. 지금도 조간신문 2개를 챙겨보며 신문 인사면 동정을 확인한다. 차가 호텔로 들어오면 번호를 보고 곧바로 누가 타고 있는지를 파악한다.

"일부러 1~2분 정도 차문을 늦게 열어줄 때도 있어요." "OOO박사님처럼 차 안에서 신발을 벗고 있다가 고쳐 신고 내리는 분도 있거든요. 이런 분들에게는 눈과 표정으로 환대를 표현합니다."

이제는 그를 먼저 알아보는 고객들도 있다. 국회의장을 지낸 한 원로 정치인은 "이 친구 어디 갔다왔어"라며 반가움을 표시한다. 다른 도어맨의 아들 이름까지 지어줄 정도로 마음이 따뜻했던 한 유명교수는 "혼자만 남아 쓸쓸하지 않느냐", "춥지 않느냐"며 걱정을 해준다. 한 대기업 회장은 반가워하며 "똑바로 근무해"라고 장난을 친다. 한창 현장을 뛰던 기업 인사들이 어느덧 중역을 맡아 호텔을 방문하는 모습을 목격한 것도 부지기수다.

눈비가 세차게 몰아치던 10여 년 전 어느 겨울날, 여권을 놓고 공항에 도착한 고객을 위해 직접 김포공항으로 차를 몰고 달려가 전달한 적도 있다. 이 고객과는 인생의 친구가 됐다.

이순신 장군 옷차림으로 근무한 시절도 있었다. 특급호텔 도어맨도 사회변화와 함께 많은 게 변했다. 군부정권 시절과 그 문화가 잔존하던 1970,80년대에는 손님들에게 거수경례를 하기도 했다. 도어맨들이 이순신 장군을 연상하게 하는 듯한 빨간색 갑옷 차림의 유니폼을 입고 빵모자를 쓰고 차이니스칼라 유니폼으로 근무한 적도 있었다. 엘리베이터 걸들이 한복을 차려입고 일하던 시절이었다.

"지금은 허리를 45도 가량 숙인 뒤 밝은 모습으로 '안녕하십니까?'라고 인사를 건네는 게 기본이에요. 저는 그만둘 때까지 2대8 가르마를 유지할 겁니다. 고객들이 익숙하고 편안했으면 하는 마음입니다."

사라진 문화인 '팁'에 대한 에피소드도 있다. 1970년대 후반 한국을 찾은 사우디아라비아 왕자와 수행원들이 호텔 직원들을 만날 때마다 100달러나 200달러를 팁으로 준 일도 있었다. 당시 환율로 계산하면 두 달 치 월급을 하루에 받은 셈이었다.

36년 도어맨 인생은 그의 삶과 성격 전체를 바꿔놓았다. 웨스틴조선에 입사하기 전 건설회사에서 일했고, 사우디아라비아 건설현장으로 나갈 것을 꿈꿨을 만큼 혈기왕성했던 그다. 하지만 어느덧 온화하고 배려하는 모습이 더 익숙해졌다. 단 한 차례도 지각한 적이 없을 정도로 성실했다는 점은, 그만의 자부심이다.

"저는 고객을 돕는 제 일에 늘 자부심을 가졌습니다. 오묘하게도 많은 사람을 위해 문을 열고 또 에스코트하면서 열린 것은 저의 마음이었던 것 같아요. 새롭게 열릴 인생도 항상 밝은 모습으로 노력하겠습니다."

자료 | 동아일보, 2013.4.4

도어맨의 주요한 업무는 다음과 같다.

(1) 영접

호텔의 현관에 근무하는 도어맨은 호텔로 자동차가 들어오면 차량이 정지할 위치를 수신호로 알려준 다음, 자동차의 문을 연다. 이후 정중한 인사를 하는데, 호텔의 서비스를 이용하려는 고객이 가장 먼저 서비스를 제공받는 접점에서 고객을 응대하기 때문에 그 중요성이 매우 큰 포지션이라고 할 수 있다. 특히, 도어맨의 첫 인상에 따라서 호텔을 방문하는 고객들이 각인되는 효과가 매우 크기 때문에, 도어맨은 진심어린 서비스마인드를 가지고 고객들을 응대하는 것이 특히 중요한 포지션이라고 할 수 있다.

고객과 직원과의 커뮤니케이션에 있어서는 대부분 말이 오가는 커뮤니케이션Verbal Communication보다는, 말이 오가지 않는 커뮤니케이션Nonverbal Communication이 더 많은 비율을 차지한다. 이러한 커뮤니케이션 중에서도 가장 큰 비중을 차지하면서 호텔을 이용하는 고객들이 서비스에 대한 품질을 느끼는 부분은 표정Facial Expression이기 때문에 도어맨은 항상 웃는 얼굴로 친절하게 고객들을 응대해야 한다. 더불어 위의 사례에서와 마찬가지로 서비스 품질의 공감성Empathy 부분이 도어맨이 갖추어야 할 중요한 덕목이라고 할 수 있는데, 호텔을 자주 방문하는 고객들의 개인적인 특성을 파악하여 맞춤서비스Customized Service를 제공하는 것이 중요한 부분이라고 할 수 있다.

(2) 현관질서

호텔의 현관은 많은 사람들이 이용하는 공공장소이기 때문에, 도어맨은 현관 정문의 주변을 혼잡하게 관리해서는 안 된다.

(3) 주차관리

호텔의 현관에서는 차량이 장시간 주차해서는 안 되며, 항상 호텔현관 앞의 교통소통이 원활하게 이루어지도록 도어맨은 주차관리 직무를 수행해야 한다.

(4) 주차대행

호텔을 방문하는 고객들의 주차대행 서비스를 통해서 고객들에게 편의를 제공하고 고객만족을 극대화해야 한다.

(5) 정보제공

호텔을 이용하는 고객들이 필요한 정보를 미리 제공하거나 정보제공을 희망하는 고객들에게 신속하고 정확한 정보를 제공해야 한다. 이렇게 신속하고 정확한 정보를 고객에게 제공하기 위해서는 미리 호텔리어로서 필수적으로 숙지하고 있어야 할 정보를 숙지하고 있다가, 신속하고 정확하게 고객들에게 정보를 제공하여 서비스 품질 평가기준 중 반응성, 확신성 등과 관련된 부분에 있어서 고객만족을 극대화시켜야 한다.

(6) 환송

호텔을 이용하고 호텔을 출발하는 고객들에게 서비스마인드를 가지고 친절하게 환송인사를 건네는 것이 매우 중요한 부분이라고 할 수 있다. 이러한 환송 과정을 통해서 고객들이 다시 자사의 호텔 상품을 구매할 수 있도록 하는 것이 매우 중요하다.

03 벨 데스크

일반적으로 벨 데스크Bell Desk 직원이 수행하는 직무는 고객서비스 업무와 로비 관련 업무로 나누어 볼 수 있다. 고객서비스 업무로는 체크인 안내 서비스,

체크아웃 서비스, 수하물 보관, 룸 체인지, 물품전달 등이며, 로비관련 업무는 로비관리와 페이징 서비스 등이 있다.

부산역, 호텔, 선박 결합 원스톱서비스 개시

사례 5 코레일 부산경남본부 부산역(역장 양운학)은 2011년 4월 25일부터 파라다이스호텔(부산)과 한-일 왕복 여객선 코비를 운영하는 미래고속주식회사가 입점하여 부산역 이용고객에 원스톱, 고품격 서비스를 제공하기로 했다고 밝혔다. 전국에 있는 역사 중 특급호텔 데스크가 철도역에 입점하는 것은 부산역이 최초이며, 원스톱 호텔 체크인 서비스가 가능하고, 호텔 체크아웃 시 여행 가방을 호텔 벨 데스크에 맡기면 KTX 시간에 맞춰 부산역으로 픽업도 해 준다.

한편, 미래고속주식회사는 부산과 후쿠오카 구간을 운행하는 해운선사로 KTX를 타고 부산역을 통하여 일본을 방문하는 고객과 일본 관광객을 대상으로 보다 편리한 여행안내 및 예약서비스를 제공한다.

양운학 부산역장은 "부산의 대표적인 특급호텔과 한-일 왕복여객선 입점을 통해서 국내 대표 여행수단인 KTX와 호텔, 여객선이 원스톱으로 연결되는 계기를 마련하였다. 이를 통해 부산역이 교통의 허브로써 최고의 서비스로 고객에게 다가갈 것이다."라고 하였다.

자료 | ACROFAN, 2011.4.26

1) 현관 지배인의 업무

현관 지배인의 주요 업무는 다음과 같다.(박영기 외, 2013, p.103 참조)

- 벨 캡틴, 벨맨, 도어맨, 주차요원, 엘리베이터 안내요원 등의 근무상황을 감독한다.
- 임시수하물 예치나 정리정돈 상태를 확인한다.
- 호텔 현관의 상태를 확인한다.
- 벨 데스크에서 사용하는 각종 비품의 이상 유무를 확인한다.

2) 벨 캡틴의 업무

벨 데스크는 일반적으로 2교대 혹은 3교대로 근무하는데, 각 근무조의 조장인 벨 캡틴의 주요 업무는 다음과 같다.

- 현관지배인 부재 시 업무를 대행한다.
- 부하직원의 근무스케줄을 작성하고 관리감독 한다.
- 로비와 현관의 정리정돈 상태를 확인한다.

3) 벨맨의 업무

벨맨Bell Man이라 함은, 옛날에 여행자가 여인숙의 문을 두드리면 안에서 '알았다'는 신호로 벨을 흔들면서 나와 문을 열어주었다는 데서 유래되었다. 호텔에 들어서는 고객을 정중히 로비에서 영접해 주고 프런트데스크로 안내해 주는 제복을 입은 종사원을 말한다.

(1) 고객의 체크인 / 체크아웃 때에 협조

- 체크인Check-in 등록이 끝난 고객을 객실까지 안내할 때에는 고객의 가방이나 짐, 코트를 고객을 위해 들어준다.
- 고객과 승강기를 타고 객실로 이동 중일 경우, 호텔시설 안내 등 가벼운 대화를 나눈다.
- 객실에 도착 시 객실의 특징이나 각종 시설물에 대한 사용법을 안내한다.
- 체크아웃Check-out 하는 고객으로부터 수하물 운반 요청이 있을 때에는, 고객의 수하물 개수와 잊은 물건이 없는지 확인하고 로비까지 운반한다.
- 단체객의 경우, 출발 몇 시까지 수하물 운반 요청이 있으면, 각 층을 돌아 복도에 나와 있는 짐을 로비까지 옮겨와 객실번호와 짐의 수량을 확인하고 한곳에 집결시켜 망을 씌워둔다.
- 고객의 짐을 차에 실어주고, 만일의 경우를 위해 차량번호를 적어둔다.

(2) 메시지 전달 및 심부름

- 프런트데스크로부터 각종 메시지나 우편물을 고객에게 신속히 전달하며, 전달이 끝나면 고객의 서명을 받아둔다.
- 객실 고객의 불만사항이나 각종 요구사항을 고객의 편의를 위해 대행하여 준다.
- 객실 키를 룸에 두거나 분실하였을 경우, 마스터 키Master Key를 가지고 객실 문을 열어준다.

(3) 기타 업무

호텔을 방문하는 모든 고객들을 가장 먼저 접하기 때문에, 예의바른 태도와 어조로서 항상 현관근무의 수칙을 실천한다. 또한 투숙객의 안내 및 고객의 요구를 최대한 충족시키기 위해서 노력한다.

위에서 언급된 업무외의 벨멘의 업무의 요약은 다음과 같다.

- 고객의 객실변경Room Change 시, 새로운 객실의 안내 및 짐 운반
- 로비의 페이징 서비스Paging Service 및 질서유지
- 호텔안내 및 관광안내 서비스
- 출근 및 복장점검
- 현관 매니저 주관 회의 참석
- Function 및 금일 VIP 숙지
- Log Book 및 교대조와 인수인계
- Lobby Patrol
- 방문고객에 대비하여 Stand By
- 당일 사용한 서류철 정리
- 운반구 정리 및 정돈
- 미결사항 Log Book 기재
- 보관물품 정리정돈
- 각종 벨맨Bell Man 기본업무 수행

04 컨시어지

1) 컨시어지의 이해

컨시어지현관, Concierge는 호텔을 이용하는 고객들을 최초의 접점에서 맞이하며 호텔리어로서 품위 있는 동작과 세련된 매너로 응대하고, 고객에게 최대한의 편의를 제공하기 위해 호텔의 시설을 안내하며 각종 정보를 제공하는 부서이다.

K 스마일 캠페인 호텔 컨시어지들이 앞장선다

사례 6 대표적인 친절캠페인인 'K스마일' 캠페인을 위해 한국관광공사가 한국컨시어지협회와 손을 맞잡았다. 한국관광공사는 지난 26일 저녁 6시 JW메리어트 서울에서 개최된 제13회 한국컨시어지협회 정기총회에서 한국컨시어지협회와 함께 K 스마일을 홍보하는 이벤트를 공동으로 개최하는 한편 2018년 세계컨시어지협회 총회를 한국으로 유치하기 위해 전방위 노력을 기울이기로 했다고 밝혔다. K 스마일은 친절과 미소로 외국인 관광객을 맞이해 다시 찾고 싶은 대한민국을 만들기 위한 '국민참여형 환대 캠페인'이다. 2018년 평창 동계올림픽까지 이어지는 이번 캠페인에는 한국관광공사를 포함해 28개 관광분야 유관 기관 및 협회, 경제단체, 민간기업, 지자체 등 대한민국 국가대표 '관광드림팀'이 총출동하며 한국방문위원회가 사무국 역할을 맡게 된다.

사실 외국인과 직접 대면을 하게 되는 컨시어지 업무는 한국관광을 알리는 최전선의 얼굴이나 다름없다. 올해 대한민국 관광경쟁력은 전 세계 톱 20위권에 드는 선진국 수준이지만, 질적인 관광수준 잣대가 되는 환대점수는 최하위권이다. 세계경제포럼이 밝힌 올해 환대점수를 보면 조사대상 141개국 중 129위에 그치고 있다. 그만큼 '딱딱한 분위기'의 관광국이라는 의미이다.

환대점수는 재방문율과도 직결된다. 한국문화관광연구원이 매년 발표하는 외래관광객 실태조사에 따르면, 미국인 관광객은 재방문율이 32.6%, 중국인관광객은 25.7%에 그친 것으로 나타났다.

세계컨시어지협회는 1929년 프랑스 파리에서 출범했으며 전 세계 약 60개국 4,000여 명의 회원들이 활동하고 있다. 이들은 인정받은 세계컨시어지협회 회원임을 알리기 위해 유니폼 상단 재킷에 황금열쇠 배지를 달고 근무한다. 한국컨시어지협회는 2005년 문화체육관광부에 정식 등록하여 2006년 39번째 회원국으로 정식 인정받고, 2007년 아시아총회를 서울에서 개최하는 등 빠르게 성장하고 있다. 민민홍 한국관광공사 국제본부장은 "해외여행에서 어떤 관광매력보다도 현지인들의 친절한 환대가 가장 큰 관광매력"이라며, 외국인 관광객들을 맞는 최접점에서 감동적인 서비스 경험을 제공하는 컨시어지 종사자들이야말로 진정한 K 스마일 홍보대사라고 강조했다.

자료 | 매일경제, 2015.11.30

(1) 컨시어지(현관) 근무자 수칙

컨시어지Concierge 근무자는 호텔을 방문하는 모든 고객을 가장 먼저 접하기 때문에, 고객에게 호텔의 서비스와 이미지의 첫 인상을 강하게 심어주게 된다. 또한 고객이 호텔을 떠날 때에도 영송 서비스를 제공하기 때문에, 다음과 같은 업무수칙을 준수해야 한다.

- 항상 친절해야 한다.
- 미소를 잊지 않는다.
- 말씨를 정중하게 한다.
- 몸가짐을 단정하게 한다.
- 적극적으로 업무에 임한다.
- 업무에 대한 책임감을 갖는다.

(2) 직책별 직무 내용

① 현관 매니저 Concierge Manager

현관서비스 업무에 있어 근무자의 자발적 · 의욕적인 근무 환경을 조성하며, 효율적인 조직운영과 고객에게 최고의 서비스를 제공할 수 있도록 한다.

- Bell Captain으로부터 업무현황 파악
- 전일 객실판매 및 금일 Forecast, Function을 숙지하여 근무인원 조정
- 복장상태 및 기본자세 점검
- 접객태도 및 Stand By 자세 점검
- 고객 Handling 자세 및 어법교육
- 고객수화물 안전관리 파악
- 일일 회의 주관
- Log Book 인수인계 상태 확인 및 전달

- 당일 VIP 및 객실 판매현황, Forecast 통보
- 당일 Function 상황 전달
- 현관서비스 교육계획 및 분기별 교육
- 월별 근무평가 및 근무태도 상태 관리
- 월별 보고서 작성 및 통보
- 월별 단위 각종 소모품 재고조사 및 부족량 청구, 구매 작성
- 월 단위 고객 각종 이용현황 작성

표 7.1 유니폼 서비스 제공자 직무의 체크리스트

수행 직무	직무 내용
고객영접	• 호텔도착 시 정중히 영접하며 고객질문 시 적절히 안내하는가. • 고객의 하차와 하물을 돕는가. • 차량의 유도가 원활이 이루어지는가. • 벨맨과의 인수인계와 고객의 현관의 안내를 돕는가.
고객환송	• 벨맨과의 수하물 인수와 고객의 수하물을 확인하는가. • 차량의 호출이 원활히 이루어지는가. • 수하물의 적재와 고객의 안전한 승차를 돕는가. • 고객을 정중히 환송하는가.
고객 요청사항 확인	• 고객의 요청사항을 반갑게 접수하는가. • 고객 요청사항을 즉시 진행하고 수행결과를 통보받는가. • 수행 결과를 고객에게 통보 및 확인하는가.
교통정보서비스	• 이용 가능한 차량을 알선하는가. • 고객의 요구차량을 정확히 수배하는가. • 고객의 차량 탑승을 보조하는가. • 고객을 정중하게 전송하는가.
렌탈서비스	• 렌탈 기물을 숙지하고 사용 가능하게 보관하는가. • 고객의 렌탈 요청 시 정확한 정보를 신속히 제공하는가. • 렌탈 내용을 일지에 기록하는가. • 반환된 렌탈 기물의 이상 유무를 확인하여 보관하는가.
차량호출	• 차량 호출 접수 시 고객으로부터 차량정보를 정확히 인지하는가. • 차량을 정확히 호출하며 차량의 진입을 원활하게 하는가. • 고객의 탑승을 준비하고 수하물을 적재하는가. • 고객을 정중히 배웅하는가.
차량주차	• 차량 주차 시 키를 인수하고 Tag을 교부하는가. • 차량을 정확히 주차하고 주차장소를 기억하는가. • 주차정보를 일지에 기록하고 키를 키고리에 두는가. • 차량을 고객에게 정확히 인계하고 정중히 환소하는가.

수행 직무	직무 내용
정보제공	• 호텔 내 · 외부의 행사 및 정보를 정확히 숙지하는가. • 고객이 원하는 정보를 제공하는가. • 제공된 정보에 대하여 고객의 만족여부를 확인하는가. • 제공정보를 지속적으로 업데이트 하는가.
고객호출서비스	• 객실고객 또는 방문객의 접수를 정확히 받는가. • 규정된 절차에 의해 방문객이 객실고객을 찾게 하는가. • 규정된 절차에 의해 객실고객이 방문객을 찾게 하는가.
고객도착 시 수하물 운반	• 고객에게 반갑게 인사하고 수수하물을 정확히 인수받는가. • 고객 등록 시 수하물을 안전하게 보관하며 대기하는가. • 고객의 수하물을 안전하게 배달하는가. • 객실의 이상 유무를 고객으로부터 확인받는가.
고객출발 시 수하물 운반	• 수하물 운반요청의 접수된 사항을 잘 이행하는가. • 고객에게 수하물을 정중히 인수받는가. • 수하물 인계 시 계산여부와 이상여부를 확인하는가. • 고객의 수하물 적재와 차량탑승을 돕는가.
수하물 보관	• 고객의 수하물 보관 요청을 친절하게 받는가. • 수하물을 구분하여 보관하고 기록하는가. • 수하물의 인도요청을 받고 배달장소를 확인하는가. • 고객 수하물의 보관 장소를 확인하고 정확하게 배달하는가.
고객배달물 처리	• 고객 배달요청 접수 후 접수 순서별로 배달준비를 하는가. • 일지에 배달물을 기록하며 고객정보가 일치하는지 확인하는가. • 배달 시 고객에게 공손하게 서명을 받는가. • 배달결과를 일지에 기록하는가.
우편물 처리	• 우편물 및 소수하물에 따른 발송방법을 숙지하고 있는가. • 우편물의 처리에 따른 요금, 시간 등을 고객에게 통보하는가. • 우편물 발송 의뢰 시 일지에 정확하게 기록하는가. • 발송 내역을 고객에게 신속히 통보하는가.
분실물 처리	• 분실사고 시 고객을 안심시키도록 최선을 다하는가. • 분실물에 따른 절차를 적절히 하고 고객에게 안내하는가. • 분실물이 회수될 경우, 즉시 고객에게 통보하는가.
습득물 처리	• 습득물 발견 시 주인이 없으면 물품을 습득하는가. • 습득물의 기록과 보관이 안전하고 정확하게 이루어지는가. • 습득물의 인계 시 확인을 하고 서명을 받는가. • 호텔 규정에 따라 습득물을 공정하게 처리하는가.
항공예약 및 변경	• 항공스케줄 표를 비치 및 보관하고 있는가. • 항공예약 요청 시 즉시 가능 여부를 고객에게 전달하는가. • 출발 전 항공예약에 대하여 재확인을 하는가. • 항공예약 변경 시 항공사에 확인 후 즉시 고객에게 안내하는가.

자료 : 안광호 외(2012), 유니폼 서비스 제공자 직무의 체크리스트, p.241.

2) 컨시어지의 주요 업무

(1) VIP고객의 영접과 환송

호텔의 VIP고객은 일반적으로 일정 직급 이상의 포지션에 위치하는 경우가 많기 때문에, 호텔의 투숙뿐만 아니라 업장의 반복적이면서 지속적인 구매력이 있는 고객이라고 할 수 있다. 따라서 일반고객들의 영접과 환송도 매우 중요한 부분이지만, VIP의 영접과 환송은 특히 더욱 많은 몰입도가 필요한 부분이라고 할 수 있으며, 컨시어지의 업무 중 주요한 업무라고 할 수 있다.

(2) 고객들에게 정보 제공

호텔의 모든 부서 직원들은 고객들에게 정보를 제공하는 것이 매우 중요한 부분인데, 이는 서비스 품질적인 관점에서 확신성Assurance을 통한 고객만족의 극대화를 위해서 중요한 부분이기 때문이다. 특히 호텔에서 컨시어지 업무를 담당하는 직원의 경우에는 정확한 정보를 신속하게 고객들에게 전달하는 것이 매우 중요한 업무 중 하나라고 할 수 있다.

호텔을 이용하는 고객들 중 비즈니스 고객들에게는 그들이 비즈니스의 원활한 업무 수행을 위해 필요한 정보를 제공해야 하고, 관광객들에게는 호텔의 홍보자료, 관광안내서 등 관광객들이 지역의 관광을 위해서 필요한 정보를 제공해야 한다.

(3) 고객의 불평처리

호텔을 이용하는 고객들이 불평을 한다는 것은 서비스 기대 모델로 설명하면, 호텔에서 고객에게 제공하는 서비스가 허용구간Tolerance Zone에서 벗어나있다고 할 수 있다.

이렇게 고객의 불평에 대해서 컨시어지 업무를 담당하는 직원들은 신속하게 처리해야 하는데, 고객 불평의 사례는 주로 직원에 대한 불평, 호텔에서 제공하는 서비스에 대한 불평, 호텔의 시설이나 유형적인 물품에 대한 불평 등으로 나누어 볼 수 있다.

호텔 직원에 대한 불평으로는 고객의 질문에 성의 없이 대답하는 경우, 고객에게 서비스를 제공하는데 있어서 반응성이 떨어지는 경우 등을 들 수 있다. 그리고 호텔의 시설물이나 유형적인 물품에 대한 불평으로는 객실, 주차장, 엘리베이터, 식음료 업장 및 각종 부대시설에 대한 불평 등이 있고, 호텔에서 제공하는 서비스에 대한 불평으로는 주차 관련, 하우스키핑 관련, 식음료서비스 관련 등 호텔에서 제공되는 각종 서비스와 관련된 불평 등이 있다.

CHAPTER 08

호텔마케팅과 객실영업

호텔서비스 실무 Hotel Service

01 호텔마케팅의 개념

현재 우리가 살아가고 있는 시대를 마케팅의 시대라고 할 만큼 모든 분야에 있어서 마케팅의 중요성은 점점 증가하고 있다. 특히, 글로벌화와 정보화의 확산으로 전 세계의 모든 사람과 소셜 네트워크 시스템을 통해서 커뮤니케이션이 가능해지면서 마케팅에 관한 비중은 이전에 비해 더욱 증가하고 있다.

마케팅에 대한 정의는 1960년 미국마케팅협회AMA : American Marketing Association에서 처음 공식적으로 제기되었으며, 여러 가지 환경의 변화와 학문적으로 마케팅이 발전하는 과정에서 마케팅에 대한 정의도 변화를 가져왔다. 현재, 가장 일반적으로 사용되고 있는 마케팅에 대한 정의는 1985년 미국마케팅협회에서 발표한 아래와 같은 정의이다.

> 마케팅이란, 개인과 조직의 목표를 만족시켜주는 교환을 창조하기 위하여 아이디어, 재화, 서비스에 대한 개념, 가격, 촉진, 유통을 계획하고 집행하는 과정이다.
> Marketing is the process of planning and executing the conception, pricing, promotion, and distribution of idea, goods, and services to create exchange that satisfy individual and organization objectives.

최근에는 스마트폰을 기반으로 한 다양한 애플리케이션 사용의 일반화로 인해 마케팅의 개념에서 모바일 마케팅이 차지하는 비중이 급속하게 증가하고 있으며, 이러한 경향은 향후 더욱 가속화 될 것으로 예측된다.

호텔마케팅과 객실영업의 관점에서도 이러한 마케팅 트렌드로 인해 고객들 입장에서는 더욱 편리하게 전 세계 모든 호텔의 객실요금 및 객실과 관련된 정보를 비교할 수 있기 때문에, 호텔의 입장에서는 더욱 치열한 마케팅 환경에 노출되었다고 할 수 있다.

따라서 호텔마케팅 및 객실영업 업무와 관련하여 호텔의 마케터들은 자사의 객실영업 및 마케팅과 관련된 정보뿐만 아니라 경쟁호텔의 객실 상황과 마케팅 전략 등 더욱 확인해야 할 정보가 많아졌다.

02 호텔마케팅 개념의 발전과정

호텔마케팅 개념의 발전과정은 생산 개념, 제품 개념, 판매 개념, 마케팅 개념, 사회적 마케팅 개념의 다섯 단계의 발전과정을 보이고 있다.

1) 생산 개념

제품의 공급이 수요에 비해 부족한 시장 환경 하에서는 제품은 만들기만 하면 판매가 된다거나, 소비자들에게 저렴한 가격으로 원하는 만큼 구매할 수 있게 해주는 것이 마케팅의 중요한 기능 중 하나라고 생각하는 견해가 나타난다.

이와 같이 소비자들의 수요와 욕구충족을 위해 생산성의 향상과 원가절감에 초점을 맞추어야 한다는 생산지향적인 마케팅 이념을 생산 개념Production Concept이라고 한다. 이러한 상황 하에서는 기업들이 우선적으로 생산을 증가시킬 수 있는 방법을 찾는 데에 주력하게 된다.

2) 제품 개념

제품 개념Product Concept은, 소비자들이 우수한 품질의 제품을 선호할 것으로 보고, 최고품질의 제품생산에 주력하는 제품지향적 마케팅 이념을 의미한다. 제품 개념에 입각한 기업의 시장 활동은, 기본적으로 잘 만들어진 우수한 제품은 소비자들의 만족도가 상당히 높을 것이라는 가정 하에 이루어지며, 그렇기 때문에 이러한 기업의 마케팅 활동은 기업의 연구개발 부서에서 제품을 개발하고 생산 부서에서 생산된 제품을 시장에 판매만 하는 것이다.

3) 판매 개념

판매 개념Selling Concept이란, 판매기능을 가장 중요시하는 기업의 이념으로, 이러한 기업은 어떤 제품이든 충분한 판매노력을 기울이면 판매량을 늘릴 수 있고, 소비자들은 기업이 많은 판매와 촉진활동을 하지 않으면 많은 구매를 하지 않는다고 가정한다. 따라서 판매 개념을 중요시하는 기업들은 판매와 촉진활동에 초점을 맞추게 되는데, 이 개념이 주장하는 근거는 소비자들에게 판매 및 촉진활동을 하지 않으면 제품의 존재를 알지 못하며 많이 구입하지 않는다는 것이다.

이와 같이 소비자 중심이 아닌 판매자 중심의 시장 개념에 따라 활동하는 기업은 판매 자체가 목적이기 때문에, 소비자의 구매 후 만족 여부에는 관심을 가지는 것이 어렵다.

4) 마케팅 개념

마케팅 개념Marketing Concept은, 판매 개념 다음에 나타난 개념으로서 기업의 목표달성 여부는 시장에 있는 소비자의 욕구를 파악하고 이들에게 만족을 전달해 주는 활동을 얼마나 경쟁자보다 효율적으로 수행할 수 있느냐에 달렸다고 보는 이념을 의미한다.

판매 개념과 마케팅 개념의 차이점은, 판매 개념은 판매자의 욕구에 초점이 맞추어져 있지만, 마케팅 개념은 구매자의 필요와 욕구에 초점을 맞춘다는 점이다. 다시 말해, 판매지향적 기업은 제품을 현금으로 바꾸려는 판매자의 욕구에 초점이 맞추어져 있는 반면, 마케팅 개념에 입각한 기업은 제품의 생산, 유통, 소비와 관련된 모든 활동에 있어서 소비자의 필요와 욕구를 만족시키는 데에 초점을 두고 있다는 것이다.

또한 마케팅 개념은 제품생산에서부터 유통, 판매 후 관리까지 통합적 마케팅을 통해 소비자들의 필요와 욕구를 최대한 충족시키는 것을 마케팅 활동에 있어서 가장 중요한 과제로 본다.

5) 사회적 마케팅 개념

사회적 마케팅 개념Societal Marketing Concept은, 소비자들의 단기적인 욕구와 만족을 충족시키는 것도 중요하지만 사회 전체적인 이익과 복지의 증진도 매우 중요하다고 보는 마케팅 이념을 의미한다.

최근, 기업들은 기업을 둘러싸고 있는 여러 가지 환경의 변화들로 인해 마케팅 활동의 의사결정 시 사회의 관심사를 함께 고려해야 할 필요가 있게 되었는데, 이렇게 사회적 마케팅 개념에 입각한 기업은 기업의 이윤추구, 소비자의 필요 및 욕구충족과 더불어 사회전체의 이익과 복지도 조화롭게 고려해야 할 것이다. 최근 자연환경 문제를 고려하여 공해를 줄이는 제품생산과 기업의 공해방지시설 설치 등을 강조하는 그린마케팅Green Marketing 등도 사회적 마케팅 개념의 한 예라고 할 수 있다.

03 호텔 마케팅믹스

마케팅믹스Marketing Mix란, 마케팅 프로그램과 전략개발을 위해 사용할 수 있는 통제 가능한 마케팅 도구들의 집합을 말하며, 마케팅믹스의 결과로 얻어진 최종 의사결정의 내용을 마케팅 프로그램Marketing Program이라고 한다.

고객의 욕구를 충족시켜 주는 교환을 창출하기 위해서는 마케팅 전략을 수립하고 그에 따라 마케팅 활동을 수행해야 하는데, 마케팅 전략의 핵심은 표적 시장을 선정하고 그 시장의 고객욕구를 충족시키는 마케팅믹스를 개발하는 것이다. 마케팅믹스는 제품Product, 가격Price, 유통Place, 촉진Promotion 등 네 가지 요소로 구성되어지며, 모두 영어 알파벳 'P'로 시작되기 때문에 4P's라고도 한다.

마케팅믹스Marketing Mix의 구성요소들 상호간에는 서로 영향을 미치게 되며, 이들 4개의 요소를 어떻게 조합하느냐에 따라서 마케팅 성과는 많은 차이를 나타낼 수 있다.

1) 제품

제품Product은 교환을 위해 시장에 제공되는 제품, 서비스, 아이디어, 장소 등 교환 제공물로써 품질, 기능, 디자인, 브랜드 등 제품의 구성요소들이 마케팅믹스 전략의 도구로 사용된다.

따라서 호텔에서 객실영업 부서에서 객실영업 업무를 담당하는 직원들은 자사의 호텔 객실이라는 상품을 최대한 판매하는 것이 가장 큰 목표 설정이 될 수 있다고 할 수 있다.

2) 가격

가격Price은 제품의 거래조건을 구성하는 것으로서 제품과 서비스의 효용 및 가치를 금액으로 표시한 것이라고 할 수 있다.

객실영업에 있어서 가격이란, 매우 중요한 부분이라고 할 수 있는데, 호텔 객실의 가격은 다양한 요인에 의해 형성될 수 있지만, 일반적으로 호텔의 브랜드Brand와 접근성이 가장 많은 영향을 미친다고 할 수 있다. 호텔의 브랜드와 관련해서는 일반적으로 큰 규모의 호텔체인 기업들은 일반적으로 한 브랜드가 아닌 복수의 브랜드를 보유하는 멀티브랜드 전략Multibrand Strategy을 구사하는데,

같은 기업의 복수 브랜드는 더 고급스러움을 추구하여 가격 형성이 높게 된 브랜드와 그렇지 않은 브랜드가 공존한다고 할 수 있다. 예를 들면, 일반적으로 동일한 조건 하에서 Hyatt Corporation의 Grand Hyatt라는 브랜드가 더 고급스러움을 추구하는 브랜드인 Park Hyatt보다 가격이 저렴하다고 할 수 있다.

다음은 가격 형성과 관련하여 접근성의 비중을 들 수 있는데, 특히 교통의 편리성은 호텔 객실의 가격을 형성하는데 매우 중요한 요소가 될 수 있다.

3) 유통

유통이란, 생산된 제품이나 서비스를 소비자에게 이전하는 과정을 의미하며, 유통경로Channel of Distribution란 제품이나 서비스를 생산자로부터 소비자에게 이전되어가는 과정에 거치게 되는 경로를 의미하는 것으로, 이 과정에 참여하는 모든 개인 및 조직의 집합체로 구성되어진다. 유통Place은 유통기관, 유통경로, 유통방식 등이 전략수단으로 사용된다.

4) 촉진

촉진Promotion은 소비자와 커뮤니케이션을 하기 위해 사용하는 수단들인 광고, 판매촉진, 인적판매, 홍보 등이 마케팅믹스 전략의 수단으로 작용된다.

촉진과 관련해서는 모든 산업이 마찬가지겠지만 스마트폰을 기반으로 한 정보화의 발전으로 인해 호텔 객실의 영업 및 예약 관련된 부분에서도 오프라인적인 촉진보다는 모바일을 이용한 촉진의 영향이 매우 크다고 할 수 있으며, 이러한 경향을 향후 더욱 가속화 될 것으로 예측된다.

04 호텔 시장세분화, 표적시장, 포지셔닝

1) 호텔 객실상품 시장세분화

(1) 시장세분화의 개념

시장세분화Market Segmentation란, 전체시장을 공통적인 특성을 가진 구매자들끼리 그룹으로 나누는 과정을 의미한다. 또한 이렇게 나누어진 동질적인 부분시장을 '세분시장Market Segment'이라고 하며, 이러한 세분시장 중 마케터들이 구체적인 마케팅믹스Marketing Mix를 개발하여 초점을 맞추고 있는 시장을 '표적시장Target Market'이라고 한다.

표적마케팅Target Marketing은 이러한 표적시장에 대해서 마케팅활동을 펴는 것을 의미한다. 특히, 호텔마케팅 및 호텔의 객실과 관련해서 세분시장은 매우 중요한 부분이라고 할 수 있으며, 일반적으로 비즈니스적인 특성을 가진 세분시장과 관광 및 방문이 목적인 세분시장으로 분류되는 경우가 많다고 할 수 있다.

(2) 시장세분화의 이점

시장세분화는 인구증가가 둔화되고 보다 많은 제품들이 성숙기에 접어들면서 기업들이 시장점유율 획득과 브랜드 확장 · 확대 등을 통해 성장을 추구하기 때문에 시장에서 경쟁이 점점 치열해지면서 더욱 중요성이 증대하고 있다. 또한 고객들의 욕구와 취향의 다양화도 시장세분화의 중요성을 증가시키는 한 요인으로 작용하고 있다. 시장세분화는 다음과 같은 이점이 있다.

첫째, 시장기회를 보다 쉽게 찾아낼 수 있다. 각각의 세분시장의 욕구와 이들을 대상으로 하는 상품들을 살펴보면, 충족되지 못한 고객의 욕구를 찾아낼 수 있는데, 이것이 바로 시장기회이다. 이러한 시장기회를 이용하여 그 세분시장에 적합한 상품을 개발할 수 있게 된다.

둘째, 마케팅믹스를 보다 효과적으로 조합할 수 있다. 세분시장의 특정 요구에 초점을 맞춰 제품 · 가격 · 유통경로 · 촉진 등의 마케팅믹스Marketing Mix 요인들을 일관성 있게 조화시켜 고객들이 제품을 명확하게 이해하고 인식할 수 있게 하고, 경쟁제품과도 차별화시킬 수 있게 된다.

셋째, 시장수요의 변화에 신속하게 대처할 수 있다. 세부시장은 전체시장보다 규모가 작기 때문에 기업은 수요의 변화를 쉽게 파악할 수 있고, 세분시장의 수요변화에 대해서도 신속하게 대응할 수 있게 된다.

(3) 시장세분화의 요건

시장세분화를 하는 목적 중 가장 중요한 것이 마케팅믹스를 효과적으로 활용하려는 것이다. 이러한 목적을 달성하기 위해서는 가장 적절한 방법으로 시장세분화를 해야 하는데, 이를 위해서는 각각의 세분시장이 다음과 같은 요건을 갖추어야 한다.

① 측정가능성

시장세분화 변수들 중에는 측정하기 어려운 변수들도 있는데, 측정가능성Measurability이란 세분시장의 규모와 구매력Purchasing Power을 측정할 수 있는 정도를 의미한다.

② 세분시장 내의 동질성

세분시장 내의 동질성Homogeneous-within이란, 각 세분시장 내의 소비자들이 시장세분화를 위한 변수의 측면에서 가능하면 서로 비슷하여야 한다는 것을 의미한다. 예를 들면, 우리나라 자동차시장을 소득수준과 가족수를 기준으로 세분화한다고 하였을 때, 각 세분시장 내 소비자들의 소득기준과 가족수가 서로 유사해야 한다는 것이다.

③ 세분시장 간의 이질성

세분시장 간의 이질성Heterogeneous-between이란, 시장세분화가 효과적으로 이루어지기 위해서는 각 세분시장 간 소비자들의 특성이 서로 달라야 하는데, 이것을 세분시장 간의 이질성이라 한다.

④ 규모

어느 한 세분시장을 표적시장으로 삼아서 마케팅믹스를 제공하는 데에는 상당한 비용이 투입되기 때문에, 적어도 하나의 세분시장의 규모가 독자적인 마케팅 프로그램을 시도할 만한 크기가 되어야 한다.

⑤ 접근가능성

접근가능성Accessibility이란, 세분시장에 접근할 수 있고 그 시장에서 활동할 수 있는 정도를 의미한다. 충분한 규모의 세분시장이 존재하더라도 세분시장을 연결해 줄 매개체가 없으면 시장세분화는 성공하기가 힘들다.

(4) 시장세분화의 기준

시장세분화는 효과적인 마케팅믹스를 위해서 이질적인 전체시장을 동질적인 세분시장으로 나누는 것으로, 전체시장을 세분시장으로 나누는 기준이 되는 변수를 시장세분화 변수Market Segmentation Variables라고 한다. 일반적으로 사용되는 시장세분화 변수는 지리적 변수, 인구통계적 변수, 심리적 변수, 행동분석적 변수 등이 있다.

① 지리적 변수

지리적 변수Geographic Variables는 시장을 국가 · 도 · 시 · 군 등의 지역, 도시와 시골, 기후 등에 의해서 세분화하는 변수이다.

② 인구통계적 변수

인구통계적 변수Demographic Variables는 연령 · 성별 · 소득 · 학력 · 직업 · 종교 및 결혼 여부 등의 인구통계적 변수를 기준으로 시장을 세분화하는 변수이다. 인구통계적 변수는 고객의 욕구 및 구매 행동과 밀접하게 관련되어 있는 경우가 많으며, 다른 변수들에 비하여 측정이 비교적 쉽기 때문에 가장 많이 사용되는 변수라고 할 수 있다.

③ 심리적 변수

심리적 변수Psychographic Variables는 사회계층, 라이프스타일, 개성 등으로 시장을 세분화하는 것이다.

사회계층Social Class은 비슷한 수준의 사회적 지위와 경제력을 지닌 사람들의 집합으로 같은 계층 구성원들끼리는 가치관 · 사고방식 · 행동 · 태도의 면에서 많은 공통점을 가지고 있다. 심리적 변수 중 가장 대표적인 것이 라이프스타일Life Style인데, 주로 사람들의 활동Activity, 관심Interest, 의견Opinion을 기준으로 집단을 분류하는데, 영문표기의 머릿글자를 따서 AIO분석이라고도 한다. 개성Personality은 개인의 내적 · 외적 기질을 말하는 것으로 Horney는 사람의 주요한 개성을 순응형 · 공격형 · 고립형으로 분류하였다.

심리적 변수에 의한 세분화는 시장을 보다 효과적으로 세분화할 수 있게 해주고 많은 정보를 제공해 주지만, 몇 가지 한계점을 지니고 있다.

먼저 지리적 변수나 인구통계적 변수는 비교적 개념이 분명하지만, 심리적 변수는 변수의 정확한 측정이 어려운 점이 있다. 또한 심리적 변수와 고객욕구 사이에 상관관계가 모호한 경우가 많으며, 세분화의 기준이 추상적일 경우에는 세분화에 대한 효과적인 접근매체가 없어서 어려움이 있다.

④ 행동분석적 변수

위에서 언급된 지리적 · 인구통계적 · 심리적 변수들은 모두 고객의 특징에 초점을 맞춘 분석방법이었다. 그러나 행동분석적 변수Behavioral Variables는 소비자와 상품과의 관계에 초점을 두는 세분화의 기준이다. 세분화의 기준으로는 소비자가 상품에 대해 나타내는 반응을 토대로 추구하는 편익 · 사용량 · 상표충성도 등이 있다.

호텔 객실영업과 시장세분화에서 호텔의 객실을 이용할 수 있는 시장은 다양한 호텔 비즈니스 및 관광객의 욕구로 인해 다수의 이질적인 시장으로 구성되어 있다. 이러한 관점에서 볼 때 호텔객실을 이용하는 호텔관광시장은 인구통계적 · 사회경제적 기준, 심리적 기준, 지리학적 기준, 여행목적 기준, 유통경로 기준, 행동 기준, 편익 기준, 구매계기 기준 등 8가지로 세분화할 수 있다.

첫째, 인구통계적 · 사회경제적 세분화이다. 이 기준은 통계자료의 수집과 매체 및 조사를 통한 각종 정보의 비교와 적용, 자료의 해석과 응용의 용이성으로 인해 현재까지 시장세분화의 기준으로 가장 많이 활용되고 있다.

일반적으로 연령과 수익은 레크리에이션 참여의 주요 변수임은 부정할 수 없으나 시장을 세분화할 때, 이러한 변수들만으로는 세분시장에 속한 구성원들이 유사한 선호를 가지고 있다고 보기 힘들기 때문에 불완전한 점이 많이 있다.

둘째, 심리적 세분화이다. 호텔을 이용하는 고객들은 호텔 객실상품 구매 시에 그 선택기준이 이상적이거나 경험적 가치보다는 준거집단의 형태를 모방하거나 답습하려는 성향이 많다고 할 수 있다. 일반적으로 다른 사람을 의식하고 타인과의 경쟁심리가 많이 작용되므로, 심리적 세분화 방법은 호텔 객실상품의 영업에 있어서 매우 중요한 부분이라고 할 수 있다.

이 심리적 세분화는 실행 상 어려움이 많고 비용이 많이 드는 단점에도 불구하고 기존의 분석방법에 의해 획득된 정보를 보완하여 활용되면 고도로 전문화되고 광범위하게 개발된 호텔상품에서 많은 효과를 거둘 수 있는 방법 중 하나라고 할 수 있다. 특히, 모발일 마케팅의 일반화와 향후 이러한 트렌드 강세로 인해 더욱 이러한 경향을 두드러질 것으로 예측된다.

셋째, 지리적 세분화이다. 지리적 세분화는 세분시장의 경계가 명확하다는 장점이 있지만, 통신과 교통수단이 발달한 요즘에는 지리적 세분화가 동질성을 가지고 있다고 기대하기 어렵다. 또한 지리적 세분화는 목표시장에 접근하기 위한 수단을 제시해 주고, 잠재 고객이 소재하고 있는 곳을 알게 해 줌과 동시에, 이들과 커뮤니케이션을 가능하게 해 줄 방안을 제시해 주기 때문이다.

넷째, 여행목적별 세분화이다. 여행목적별 세분화는 호텔객실 상품을 비즈니스 시장과 관광목적 시장으로 세분화하고 있다. 예를 들면, 싱가포르에 위치한 호텔들은 관광시장을 단체시장과 개인시장으로 나누고, 다시 단체시장은 그룹투어 · 국제회의 · 항공사승무원 등으로 분류하고, 개인시장은 개인여행객과 빈번한 여행객Frequent Traveler 등으로 세분화하고 있다.

다섯째, 행동적 세분화이다. 행동적 세분화는 호텔객실 상품을 고객이 보유하고 지닌 지식 · 태도 · 용도 및 반응, 이용률, 추구편익, 구매계기, 여행객의 지위, 상표집착도 등을 기준으로 해서 세분화하는 것이다.

여섯째, 편익 세분화이다. 편익 세분화는 호텔객실 상품을 구매한 후 고객이 느끼는 효익에 대한 상대적인 중요성을 기초로 해서 시장을 세분화하는 방법이다. 편익 세분화를 실시할 때는 고객들이 상품의 구매에서 얻으려는 주요 혜택이 무엇이고, 각 혜택을 찾는 여행객들의 유형은 어떠하며, 각 혜택을 줄 수 있는 상표품은 무엇인지 결정해야 한다.

일곱째, 구매계기의 세분화이다. 구매계기의 세분화는 호텔의 서비스를 구매하는 경우, 구매계기에 따라 고객을 세분화하는 것이다.

2) 호텔 객실상품 표적시장

시장세분화는 표적시장 선정을 위한 준비단계인데, 시장세분화를 통해 나누어진 세분시장 중에서도 구체적인 마케팅믹스Marketing Mix를 개발하여 대상으로 삼으려는 세분시장을 표적시장Target Market이라 한다.

기업이 여러 개의 세분시장 중 표적시장을 선정할 때 고려해야 할 요인은 세분시장의 전반적인 매력성과 기업의 목표 및 보유하고 있는 자원과 능력이다. 전반적인 시장의 매력성이란 세분시장의 규모 · 성장성 · 수익성 · 경쟁정도 · 위험도 · 규모경제 등을 분석한 것이다. 또한 표적시장을 선정할 때에는 기업의 목표와 일치하는지와, 이를 위해 기업이 보유하고 있는 자원과 능력을 고려해야 한다.

비즈니스호텔, 타깃고객 맞춤형 서비스 제공

– 여행목적 효율적 달성 위해 선별적 서비스 제공해 인기 –

사례 7 비즈니스호텔의 경쟁이 심화되는 가운데, 고객층을 세분화해 마케팅을 펼치는 전략이 업계에서 각광받고 있다. 관련업계에 따르면, 특급호텔가는 '20~30대 소비자', '해외비즈니스 이용객' 등 타깃 이용객에 맞춤형으로 호텔을 구성하고 있다. 부대시설이 필요치 않은 고객을 위해 연회장을 없애고, 침구류 등 객실 시설을 강화하는 등 '선택적 서비스' 제공에 몰두하는 것. 또 호텔에 부티크 개념을 도입해 '스타일' 을 강조해 여행객을 잡으려는 전략도 눈에 띈다.

지난 1일 신세계 조선호텔은 서울 동자동에 '포포인츠 바이 서울 쉐라톤남산'을 오픈했다. 포포인츠 서울 남산의 가장 큰 특징은 '주체적 여행자'의 스타일에 맞추었다는 점이다. 포포인츠 측은 '주체적 여행자'를 일과 개인의 삶의 균형을 중시하며, 사교적이지만 때로는 혼자만의 시간을 즐기는 등 자신만의 기준을 지키는, 타인의 시선에 얽매이지 않고 주체적인 선택을 하는 여행자라고 정의하였다. 포포인츠 서울 남산 관계자는 수영장, 대연회장 등의 부가 시설은 과감히 없애면서 뷔페, 침구류 등은 웨스틴조선호텔 수준의 '선별적 서비스'를 제공한다고 강조했다.

지난 2013년 경기도 동탄에 첫 선을 보인 호텔신라의 비즈니스호텔 '신라스테이'는 현재 동탄, 역삼, 제주, 서대문 등 4곳에 문을 열었다. 모든 지점이 헝가리산 거위털 침구를 사용하고 '아베다'의 제품을 어메니티로 비치하는 등 신라호텔 수준의 시설을 자랑하고 입지에 따라 타깃 이용객 층을 달리해 호텔을 운영 중이다. 호텔신라 관계자는 "동탄점은 수원 화성, 에버랜드가 가까워 국내 비즈니스 레저고객이 주 타깃인 반면, 역삼점은 강남, 코엑스 등 업무지구에 인접해 해외 비즈니스고객 이용이 주를 이룬다." 고 설명했다.

지난 1일 문을 연 신라스테이 서대문은 개장기념 패키지도 보다 공격적으로 타깃 이용객 층에 맞춰 구성했다. 이 패키지에는 서울 관광명소를 돌아볼 수 있는 '서울시티투어버스' 티켓을 증정하거나, 충정로 난타전용극장에서 열리는 '난타' VIP 티켓이 포함된 패키지 등을 선보였다. 레저 이용층에 맞춤형으로 구성한 패키지로, 지난해 9월 오픈한 역삼점 개장 시에는 없었던 상품이다. 호텔 콘셉트에 맞춰 국내외 레저 이용객을 타깃으로 관광상품을 강조한 패키지를 내놓은 것이다. 아크로 앰배서더 그룹의 '이비스 앰배서더'도 지난해부터 다양한 브랜드를 런칭하고 타깃 고객층을 세분화했다.

지난 3월 서울 충무로 2가에 문을 연 '이비스 스타일 앰배서더 서울 명동'은 부티크 개념을 도입한 비즈니스호텔을 강조하고 마케팅을 진행 중이다. 야외에서 입욕을 즐길 수 있는 '오픈 핫 배스' 등은 기존 비즈니스호텔에서 쉽게 찾아볼 수 없었던 시설이다. 또 충무로가 영화의 메카였던 점을 고려해 객실과 로비를 영화를 모티브로 디자인했다.

지난해 10월 개장한 '이비스 버젯 서울 앰배서더 서울 동대문'을 실용성을 강조한 것이 특징이다. 이비스 계열 중 최저가를 강점으로 삼으면서도 휴식 본연에 초점을 두고 침구류는 고급화했다.

이밖에도 올해 12월 서울 충무로에 개장하는 롯데호텔의 'L7명동'은 부티크 개념을 강조하고 있다. 롯데호텔은 'L7명동'을 기존 비즈니스호텔 라인업인 '롯데시티호텔'에 비해 보다 젊은 20~30대의 여행객을 타깃으로 설정하고 호텔 내에 루프탑 바, 풋 스파가 들어서 스타일을 중시하는 여행객의 발길을 이끌 계획이다.

자료 | 파이낸셜뉴스, 2015.5.6

3) 호텔 객실상품 포지셔닝

(1) 포지셔닝의 개념

Al Ries와 Jack Trout(1972)가 고객의 마음에 자리 잡기 위한 광고나 촉진노력의 중요성을 설명하기 위해 도입한 포지셔닝Positioning이란 용어는, 시장 내 고객들의 마음에 위치잡기라는 의미를 갖는다. 시장에서 기업의 포지셔닝전략은 시장세분화를 기초로 정해진 표적시장 내 고객들의 마음에 시장분석, 고객분석, 경쟁분석 등을 기초로 하여 얻은 전략적 위치를 계획한다는 의미를 갖는다. 즉 시장에서의 차별적 위치를 차지하여 고객욕구를 충족시키는 서비스를 표적시장에 제공하는 것이다.(이유재, 2004, p.72)

서비스 제품의 포지션은 고객이 서비스를 지각하는 방식을 의미하는데, 특히 경쟁기업의 서비스와 관련이 많다고 할 수 있다. 포지셔닝은 현재 제공되고 있는 서비스의 이미지를 고객들의 마음속에 유지시키고 강화시키는데도 매우 중요한 부분이라고 할 수 있는데, 예를 들어 Marriott Corporation의 다른 브랜드인 Residence Inn은 '집으로부터 떨어져 있는 집'이란 이미지로 장기 투숙객들에 포지셔닝 되어 있다. Marriott Corporation은 여러 서비스 마케팅 요소들을 이용하여 고객들에게 이러한 포지셔닝이 되도록 하였는데, 브랜드 네임 자체가 표적시장의 특성을 잘 요약해서 나타내고 있다. 또한 호텔의 커뮤니케이션에 집Home과 이웃Neighborhood이란 단어를 자주 사용하였고, 시설로 인한 커뮤니케이션 역시 부엌을 갖추고 있고 거실과 벽난로까지 설치하여 최대한 집과 같은 느낌이 나도록 하였다.

(2) 포지셔닝 전략

기업은 다양한 방법으로 제품이나 서비스를 포지셔닝 시킬 수 있다. 포지셔닝의 유형을 살펴보면, 소비자 포지셔닝과 경쟁적 포지셔닝을 구분할 수 있다. 소비자 포지셔닝은 소비자에 관심을 두고 기업의 제품이나 서비스를 소비자

마음속에 자리매김하는 것이다.

소비자 포지셔닝은 속성, 이미지, 사용 상황 및 사용 목적, 제품 사용자에 의한 포지셔닝이 있다. 속성에 의한 포지셔닝은 제품의 속성 및 고객의 혜택과 관련하여 포지셔닝 하는 방법으로, 예를 들면 볼보자동차 같은 경우는 튼튼하고 안전한 차로 소비자들에게 포지셔닝 되어 있다.

이미지 포지셔닝은 말 그대로 이미지를 포지셔닝 하는 것으로, 의류 · 보석 등에 많이 사용된다. 사용 상황 혹은 사용 목적에 의한 포지셔닝의 예로는 이온음료를 들 수 있는데, 이온음료는 운동 후 빠른 갈증해소로 포지셔닝 되어 있다. 제품 사용자에 의한 포지셔닝은 특정한 개인이나 집단에 초점을 맞추어 포지셔닝 하는 것을 의미한다.

한편, 호텔의 포지셔닝은 산업의 특성상 더욱 이미지에 대한 의존도가 깊은 상황이라고 할 수 있기 때문에, 한 번 부정적인 포지셔닝이 되면 그 이미지를 회복하는데 더욱 어려움이 생긴다고 할 수 있으며, 이러한 경우에 리포지셔닝 Repositioning이 필요한데, 이를 위해서는 많은 비용과 시간이 필요하기 때문에 호텔의 입장에서는 매우 비효율적이라고 할 수 있다.

(3) 지각도

지각도Positioning Map란, 여러 가지 평가할 수 있는 차원에 따라 제품이나 브랜드의 위치를 나타내는 것이다. 즉 지각도는 제품의 심리적인 포지셔닝을 위한 하나의 강력한 도구로 사용되는 기법으로, 소비자가 제품 · 브랜드 등에 대한 신념과 선호도를 형성하는데 고려하는 여러 가지 제품 속성을 2~3개의 차원으로 압축하여 차원들 사이의 제품지각 공간을 형성한 다음, 제품들의 전반적인 유사성이나 선호도에 대한 소비자 조사를 근거로 각 제품 브랜드 등을 기하학적인 거리로 환산하여 공간상에 표시하는 것이다.

05 호텔 제품전략

1) 제품의 이해

(1) 제품의 개념

제품Product이란, 소비자의 필요와 욕구를 충족시켜 줄 수 있는 모든 것을 의미하는 것으로, 유형적인 제품, 무형적인 서비스, 사람, 관광지와 같은 장소 등을 모두 포함한다. 제품이 소비자의 욕구를 충족시켜 줄 수 있는 것은 그 제품이 지니고 있는 속성 때문인데, 이러한 제품의 속성들은 핵심 제품Core Product, 유형 제품Tangible Product, 확장 제품Augmented Product의 세 가지 차원들로 구성된다.

(2) 제품의 구성요소

소비자들은 자신의 욕구를 충족시키기 위하여 제품을 구입하게 되는데, 실제로 소비자들이 원하는 것은 구매하는 제품으로부터 얻게 되는 혜택의 조합이라고 할 수 있다.

동일한 제품에 대해서도 소비자들마다 얻는 혜택이 다르기 때문에 마케팅 관리자들은 제품을 구성하는 요소들을 효과적으로 통합하여야 한다. 제품을 구성하는 요소들은 품질, 디자인, 상표, 포장으로 분류할 수 있다.

(3) 제품의 분류

제품은 크게 소비재와 산업재로 구분되는데, 소비재는 소비자가 최종소비를 위해 구매하는 제품이며, 산업재는 다른 제품의 생산이나 사업을 위해 구매되는 제품을 의미한다.

소비재는 소비자의 쇼핑습관에 따라 편의품 · 선매품 · 전문품 · 미탐색품 등으로 분류할 수 있다. 편의품Convenience Goods은 소비자가 최소의 노력으로 자주 구매하는 제품을 의미하며, 다시 필수품Staple Goods, 긴급품Emergency Goods, 충동품Impulse Goods으로 분류할 수 있다.

선매품Shopping Goods이란, 소비자가 가격 · 품질 · 디자인 등을 평가해서 탐색한 후 구매되는 제품을 말한다. 선매품은 편의품보다 구매빈도는 낮지만 가격이 높은 편이다.

전문품Specialty Goods은, 소비자가 제품을 구매할 때 많은 탐색 노력을 기울이는 제품을 말한다. 전문품은 일반적으로 상표인지도와 상표충성도가 높으며, 대표적인 전문품으로는 고가의 자동차와 시계들을 예로 들 수 있다.

미탐색품Unsought Goods이란, 소비자들이 평소에 거의 제품탐색 의도를 보이지 않는 제품을 말한다.

2) 제품수명 주기

(1) 제품수명 주기의 개념

제품수명 주기Product Life Cycle란, 새로운 제품이 개발되어 시장에 출시된 이후 성장하다가 일정기간을 경과한 후에 쇠퇴되어 시장에서 사라지기까지의 과정을 의미한다. 다시 말하면, 특정제품이 개발되어 시장에서 출시된 이후 시간이 경과함에 따라 매출액과 이익이 변화해 가는 과정을 나타낸 것이다.

(2) 제품수명 주기의 단계별 특성 및 전략

제품수명 주기는 도입기 · 성장기 · 성숙기 · 쇠퇴기로 나누어 볼 수 있는데, 각 단계별 특성은 다음과 같다.

① 도입기

도입기Introduction Stage는 특정제품이 처음으로 시장에 출시되어 소비자가 구매하게 되는 단계로, 기업은 시장개척자로서 계획된 제품 포지셔닝 전략에 따라 마케팅믹스 전략 등을 실행한다.

② 성장기

성장기Growth Stage에는 매출액이 증대되어 이익이 증가하지만, 높은 시장점유율을 유지하기 위해 촉진 및 유통에 많은 자금이 투입되는 시기이기도 하다.

③ 성숙기

성숙기Maturity Stage에 들어서면 매출액이 감소하기 시작하기 때문에, 기업은 시장과 제품 및 마케팅믹스 등에 변화를 주어 확보한 시장을 방어하게 된다.

④ 쇠퇴기

쇠퇴기Decline Stage에는 기술혁신 · 경쟁심화 등으로 매출액이 감소한다.

3) 신제품 개발

기업이 신제품을 얻을 수 있는 방법은 크게 두 가지로 나누어 볼 수 있는데, 첫 번째는 신제품을 보유하고 있거나 신제품 개발에 적극적인 기업을 인수 · 합병하는 방법이고, 두 번째는 기업 내부적으로 연구개발 부서에 의한 신제품 개발이다.

최근에는 정보화의 발전 및 확산의 영향으로 이전에는 없었던 새로운 서비스들이 창출되고 있으며, 스마트폰의 확산으로 이러한 경향은 더욱 두드러질 것으로 예측된다.

(1) 신제품 개발의 의의

다양한 소비자들의 욕구를 충족시키기 위하여 기업들은 제품 차별화Product Differentiation 전략으로서 신제품을 개발한다. 또한 상황에 따라서는 기존제품을 계획적으로 진부화시키기 위해서 신제품을 개발하기도 한다.

신제품은 시초제품 · 혁신제품 · 수정제품 · 신상표 등의 유형이 있는데, 시초제품은 핵심 기능을 최초로 제공하는 제품을 의미하며, 혁신제품은 핵심 기능이 혁신적으로 변화된 제품을 의미한다. 수정제품은 핵심 기능이나 부수적 기능이 수정된 제품이며, 신상표는 똑같은 기능의 제품을 상표와 포장만 바꾼 제품이다.

신제품이 시장에서 성공하기란 매우 어렵기 때문에, 기업의 입장에서 신제품 개발전략은 매우 위험도가 큰 전략이다.

(2) 신제품의 성공요인

① 소비자와 관련된 요인

신제품이 시장에서 성공하기 위해서는 가장 먼저 소비자의 필요에 적합해야 하는데, 그러기 위해서는 표적 고객의 선택이 정확해야 한다. 또한 제품의 테스팅, 출시 및 수명주기의 관리에 있어서도 고객의 필요를 해결하기 위한 제품의 편익이 소비자에게 적절하게 제공되고 있는지를 주기적으로 점검하는 것이 필요하다.

또 다른 소비자 관련 요인으로는 소비자에게 가격에 비하여 높은 효용을 줄 수 있는 제품이어야 한다.

② 기술 관련 요인

신제품의 성공 요인 중 기술관련 요인이란, 자사의 신제품이 경쟁사에 비해 독점적 기술우위를 가지고 있는 것도 중요하지만, 그보다도 소비자들이 원하는 편익을 제공할 수 있는 능력을 의미한다고 할 수 있다. 물론, 다른 경쟁기업과 비교하여 독점적 기술우위를 보유하게 되면, 그 신제품은 시장에서 성공할 확률이 더 높겠지만, 소비자들이 원하는 편익이 무엇인지 파악을 하지 못하게 되면 그 성공확률은 낮아지게 된다.

③ 시장 환경 관련 요인

일반적으로 신제품 중 성장 잠재력이 큰 제품은 시장에서 성공할 확률이 높다고 할 수 있다. 성장 잠재력이 큰 제품은 제품수명 주기 상 성장기에 있는 제품을 말하며, 신제품의 진부화 속도, 전체 잠재시장의 크기 등을 모두 고려하여 성장 잠재력을 판단하여야 한다.

④ 기업 내부 요인

Robert(1990)에 의하면, 신제품들 중에서 독특한 기술을 가지고 기존 제품과의 관련성이 높은 시장에 진입했을 때는 67%의 성공률을 보였고, 독특한 기술은 있으나 관련성이 낮은 시장에 진출한 경우에는 25%, 독특하지 않은 기술을 이용하여 관련성 없는 시장에 진입한 경우에는 극히 낮은 성공확률을 보였으며, 독특하지 않은 기술로 관련성이 높은 시장에 진입한 경우 25%의 성공률을 보였다. 따라서 독특한 기술처럼 강점을 가지고 있으며 기존 제품과의 관련성이 높은 시장에 진출한 경우가 가장 성공 가능성이 크다고 할 수 있다.

그 외에도 신제품을 성공시키기 위한 기업 내부적 조건들 중에서 중요한 것들로는 최고경영인의 지원, 신제품 개발과 관련된 기능부서들 사이의 원활한 의사소통, 신제품을 성공시키려는 강력한 의지를 가진 임직원, 효과적인 신제품개발 조직 등을 들 수 있다.(박흥수 외, 2004, p.14)

또한 신제품 개발기간 및 출시의 타이밍은 많은 제품들이 제품수명 주기가 빨라지면서 진부화 속도가 빨라지고 있는데, 좋은 아이디어라고 하더라도 제품 출시의 적기를 놓치면 시장에서 성공하기가 어렵다. 특히, 하이테크 제품일수록 출시의 타이밍이 더욱 중요하다.

(3) 신제품의 실패 원인

해마다 많은 신제품들이 시장에 출시되지만, 그 중 많은 수가 실패하고 만다. 성공한 제품과 실패한 제품을 구별하는 기준은 다양하지만, 일반적으로 신제품이 시장에서 실패하는 이유는 다음과 같다.

① 소비자 관련 요인

신제품이 실패하는 여러 요인 중에서 가장 일반적인 요인은 신제품이 기존 제품과의 차별화된 독특한 편익을 소비자들에게 제공하지 못하는 경우이다. 모방전략Me-too Strategy에 의해 출시된 신제품이 시장의 기존 제품을 따라 잡는 것은 아주 힘든 일이다. 또한 독특한 편익은 있으나 소비자들의 기호가 바뀌어 더 이상 그 편익을 높이 사주지 않게 되는 경우도 볼 수 있다.

따라서 신제품이 시장에서 실패할 확률을 줄이기 위해서 가장 필요한 노력은 기존 제품과는 차별화되면서도 소비자들이 원하는 독특한 편익을 찾아내어 이를 제공할 수 있도록 제품을 설계하는 일이다.

② 마케팅전략 관련 요인

신제품의 성공은 정확한 표적시장의 선정과 그에 적합한 포지셔닝을 필요로 한다. 물리적으로는 훌륭한 제품을 만들어 놓고서도 마케팅 전략상의 실수로 인해 신제품이 실패하는 경우도 자주 볼 수 있다. 신제품의 실패 확률을 줄이기 위해서는 시장세분화가 올바르게 되어 있는가 하는 점과, 표적고객들에게 파고들 수 있는 포지셔닝이 이루어져 있는가를 면밀히 검토해야 한다.

③ 마케팅과 유통자원의 부족

신제품이 성공하기 위해 필요한 광고, 판촉, 유통상의 지원이 불충분해서 실패하는 신제품들을 볼 수 있는데, 특히 사내 영업조직이나 유통경로 구성원들을 설득하는데 실패하여 신제품을 취급하는 것을 회피할 경우, 신제품이 시장에서 성공을 거두기가 어렵게 된다.

④ 사내조직 관련 요인

신제품의 성공을 위해서는 전사적인 품질에 대한 인식과 고객지향적인 기업 문화가 필요할 뿐만 아니라 기업 내의 마케팅 부분, 연구개발 부분, 생산 부분, 영업 부분 구성원들의 노력과 협조가 필요하다. 기업 내부적으로 위에서 언급된 부서의 협조가 부족하면 신제품은 시장에서 성공확률이 낮아지게 된다.

(4) 기타 요인

위에서 언급된 요인들 이외에도 기술개발과 관련된 요인, 신제품 출시의 타이밍, 수요예측의 실패, 경쟁기업에 대한 정보부재 기업을 둘러싸고 있는 외부 환경 등에 의해 신제품이 시장에서 실패할 수 있다.

신제품 개발의 주요한 성공요인과 실패요인들을 살펴보면, 다음과 같다. 아이디어 창출Idea Generation, 아이디어 채택Idea Screening, 사업분석Business Analysis, 제품개념 개발Product Concept Development, 제품개념 테스트Product Concept Test, 제품 테스트Product Test, 마케팅믹스 계획Marketing Mix Planning, 시험마케팅Test Marketing, 상업화Commercialization의 단계를 거친다.

아이디어는 기업 내부 자료는 물론 경쟁사·고객 등 다양한 경로를 통해서 창출될 수 있으며, 창출된 아이디어 중 기업이 목표로 하는 매출액과 시장점유율 및 기업의 이용 가능한 자원 등을 고려하여 채택하게 된다. 그 다음 단계가 사업성 분석인데, 사업성 분석이란 채택한 아이디어가 상품화되었을 때 비용 및 이익을 예측하는 것을 의미한다. 그 다음 제품 콘셉트를 개발하고 콘셉트에 대한 테스트를 실시한다. 그 다음 제품개발 단계에서 제품 출시에 문제가 없다고 판단되는 제품에 대해서 시험적으로 판매해 보는 시험 마케팅을 실시한다. 시험 마케팅을 통해서 기업들은 경쟁사의 제품과 비교해 매출액과 표적시장 및 고객들의 반응 등을 파악하게 된다.

06
호텔 가격전략

1) 가격전략의 이해

(1) 가격의 개념

일반적으로 가격Price이란, 제품을 구입하고 그 대가로 지불하는 화폐가치를 의미하는데, 소비자의 입장에서 보면 가격은 소비자가 재화나 서비스를 획득 또는 사용을 통해 얻게 되는 가치에 대해서 지불하는 대가라고 할 수 있다. 그러므로 가격은 제품의 교환가치로 볼 수 있으며, 좀 더 구체적으로 말하면 구매자들이 특정제품을 구매함으로써 얻게 되는 효용에 부여된 가치라고 할 수 있다.

가격은 일반적인 제품가격 외에 여러 가지 다른 형태나 명칭으로 나타날 수 있는데, 일정기간 건물의 사용에 따른 임대료, 학교에서의 등록금, 직장인의 월급, 은행의 대출이자 등은 모두 가격의 의미를 담고 있다고 할 수 있다.

(2) 가격의 중요성

가격은 소비자의 입장에서 제품을 선택할 때 가장 중요한 결정요인 중 하나로 작용하기 때문에, 마케팅 관리자들 입장에서는 가격을 결정하는 것이 가장 중요한 문제 중 하나가 된다. 기업이 마케팅믹스Marketing Mix로 사용하는 도구들 중 가격은 경쟁에 가장 민감한 특성을 가지고 있기 때문에, 기업의 입장에서 즉각적인 효과가 발생한다. 그렇기 때문에 가격은 가장 강력한 경쟁도구로의 사용이 가능하지만, 경쟁기업의 즉각적인 모방이 가능하다는 단점을 가지고 있다. 만약, 자사가 경쟁우위 확보를 위해 가격을 인하하였는데, 경쟁사가 모방을 하게 되면 기업은 가격 인하를 통해 기대했던 목표 달성을 이루기 어렵고 수익성의 감소만 가져오게 된다.

특히, 서비스 기업들의 경우는 수요가 피크일 때 수요를 감소시키기 위해 가격을 올리기도 하며, 수요가 적을 때는 가격을 아주 낮게 책정하기도 하는데, 영화관의 조조 할인, 항공사의 비수기 할인 등이 그 예이다. 이처럼 가격은 서비스 마케팅의 7P믹스 중에서 다른 믹스와는 달리 쉽게 변화시킬 수 있고 가장 빨리 변화의 결과를 얻을 수 있다.

호텔의 경우 섬머패키지 상품의 예를 들 수 있는데, 섬머패키지 상품을 통해 모든 호텔들이 가격을 인하하는 마케팅 전략을 구사하는데 특정 호텔만 이러한 전략을 구사하지 않을 경우, 경쟁에서 어려움을 가져올 수 있기 때문에, 이 시기에는 거의 모든 호텔들이 가격전략을 통해 섬머패키지 상품을 판매하고 있다.

2) 가격결정 요인

기업이 자사의 제품이나 서비스에 대해서 가격을 결정할 때는 기업의 가격목표, 제품에 대한 수요, 원가구조, 경쟁상황, 정부정책 등을 고려해야 한다.

(1) 기업의 가격목표

기업이 가격을 통해서 어떠한 목표를 추구하는지가 가장 먼저 자사의 제품 가격을 결정하는 요인으로 작용하게 된다. 이때 가격목표는 단독적으로 결정되어지기보다는 다른 마케팅믹스 변수들과의 관계를 고려하여 결정되어야 하기 때문에, 그 기업의 마케팅전략 목표에 따라서 기업의 가격 목표가 정해지게 된다.

(2) 제품에 대한 수요

제품에 대한 소비자들의 수요에 따라서 가격 결정은 달라지게 되는데, 예상되는 수요량이 얼마나 되며, 수요의 가격 탄력성이 어느 정도인가에 따라 가격 결정에 많은 영향을 미칠 수 있다.

(3) 원가구조

기업의 원가구조는 가격의 하한선을 결정하게 하는데, 기업은 생산, 유통, 판매 등에 소요되는 비용을 충당하고 투입한 노력과 위험에 비추어 적당한 이익이 보장되는 가격을 결정하게 된다. 기업이 고려해야 할 원가에는 크게 고정비와 변동비의 두 가지가 있는데, 고정비는 생산 및 판매 수입에 관계없이 발생하는 비용으로써, 예를 들면 임대료, 직원들의 급여 등이 포함된다. 변동비는 생산수준에 따라 변화하는 비용을 말한다.

(4) 경쟁상황

기업은 경쟁기업의 가격과 품질을 파악한 후 자사의 가격결정의 가이드라인으로 사용할 수 있는데, 예를 들면 자사 제품과 경쟁 제품의 품질이 비슷한 경우 자사 제품의 가격은 경쟁 제품과 비슷한 선에서 결정되어야 하며, 자사 제품의 품질이 경쟁 제품보다 떨어지면 가격도 낮게 책정해야 하고, 자사 제품의 품질이 경쟁 제품보다 높다고 판단이 되면 경쟁 제품보다 가격을 높게 책정할 수 있게 된다. 또한 경쟁기업의 가격을 평가할 때에는 다음과 같은 점을 고려해야 한다.(이우용 외, 2003, p.520)

- 산업 내에 얼마나 많은 경쟁자가 있는가?(여기에는 대체재의 생산업자도 포함하여 분석해야 한다)
- 그들의 시장점유율과 시장은 어떠한가?
- 그들의 자금 동원능력 및 경영능력은 어떠하며, 지금까지 이 제품에 어느 정도 투자하여 왔는가?
- 자사와 비교하여 그들의 원가구조는 어떠한가?
- 지금까지 어떠한 가격체계를 유지하여 왔는가?
- 소비자들은 경쟁제품에 어떠한 반응을 하는가?

한편, 경쟁상황과 고려하여 가격결정 시 경쟁자들도 자사의 가격변화에 대응하여 그들의 가격을 변화시킬 수 있다는 점을 고려해야 하기 때문에, 가격결정 시에는 자사의 가격변화에 대한 경쟁기업들의 반응도 같이 고려해야 한다.

(5) 정부정책

가격결정은 항상 기업의 의지대로만 되는 것이 아니라, 특별한 상황 하에서는 정부의 정책이나 법적 규제에 의해서 제품의 가격결정이 큰 영향을 받게 된다. 우리나라의 경우 1981년 「공정거래법」 제정 이전까지는 정부의 개입이 매우 직접적인 형태로 나타났기 때문에, 주요한 공산품 가격인상을 위해서는 사전에 정부의 허가가 필요했다.

이러한 상황 하에서의 가격인상은 원가인상 요인이 있다고 판단되었을 때에만 가능했기 때문에 상당한 부작용이 초래되었으며, 기업의 입장에서는 이러한 문제 해결을 위해 신제품을 개발하거나 기존 제품의 품질을 저하시키는 방법을 사용하였다.

이러한 경우, 직접적으로 제품을 사용하는 소비자의 입장에서 품질이 저하된 제품을 사용하게 되고, 국산품의 품질향상이나 기술적인 면에서 문제가 발생되었다. 이와 같이 상황에 따라서는 가격에 대한 정부의 직접적인 규제가 가격의 수급조절 기능을 약화시키고 여러 가지 문제점을 야기할 수도 있다.

3) 가격결정 방법

(1) 원가중심 가격결정법

원가를 중심으로 가격을 결정하는 방법에는 원가가산법Markup or Cost Plus Pricing과 목표수익률법Target Profit Pricing이 있다. '원가가산법'은 가장 일반적으로 쓰이는 방법으로, 원가에 표준이익을 가산하여 가격을 결정하는 방법이다. '목표수익률법'은 일정한 표준생산량 하에서의 총원가에 예정된 수익률을 가산함으로써 가격을 결정하는 방법이다. 목표수익률법은 손익분기점Break-even Point을 이용하여 가격을 결정한다.

(2) 수요중심 가격결정법

수요중심 가격결정법이란, 기업이 제품을 생산하는데 들어간 원가가 아니라, 소비자가 인식하는 제품의 가치에 따라 가격을 결정하는 방법이다. 이 방법은 소비자가 인식하는 가치에 따라 가격이 결정되는 방법이기 때문에, 소비자들의 가치인식의 파악을 위해 일반적으로 소비자 조사를 실시한다.

(3) 경쟁중심 가격결정법

경쟁중심 가격결정법이란, 경쟁기업의 가격을 검토한 후 그 가격을 기준으로 자사의 가격을 결정하는 방법이다. 따라서 기업은 경쟁기업의 가격과 비교한 후 시가가격, 저가격, 중가격, 고가격 중 하나를 선택하게 되는데, 여기서 시가가격이란 가격 변화에 가장 영향력을 가진 선도 기업이 결정한 가격을 의미한다.

4) 가격의 전략

가격의 전략은 기업의 현재와 미래의 경쟁상황을 분석해 보았을 때, 어떤 전략이 가장 효율적인지에 의해서 결정되는데, 기업의 마케팅 목표 및 마케팅믹스와 연관지어 결정해야 한다.

이러한 상황에서 단순히 고가격 전략, 중가격 전략, 저가격 전략은 의미가 크지 않기 때문에, 경쟁상황 등을 고려하여 상대적 고가격 전략, 대등가격 전략, 상대적 저가격전 략으로 나누어서 생각할 수 있다.

(1) 상대적 고가격 전략

상대적 고가격 전략Premium Pricing Strategy은 자사제품의 가격을 경쟁기업 제품의 가격보다 높게 책정하는 전략으로, 자사의 제품이 그 시장에서 우수하거나 명성이 높을 때 사용 가능하다.

상대적 고가격전략은 이미지를 중시하는 고가의류 제품이나 전문품 등에서 일반적으로 나타나며, 소비자가 가격에 의해서 제품의 품질을 평가하는 경향이 강하거나 제품이 개인의 사회적 지위나 명예, 건강 등의 상징적 의미를 갖는 경우에 자주 사용되는 가격전략이다.(채서일, 2004, p.360)

(2) 대등가격 전략

대등가격 전략Parity Pricing Strategy이란, 기업이 경쟁기업 제품의 가격과 동일하거나 거의 비슷한 수준으로 가격을 책정하는 전략을 말한다. 대등가격전략은 시장의 수요가 가격에 대해 탄력적이지 않고, 경쟁기업의 가격인하에 대해서 동일한 수준의 가격으로 대응이 가능할 때 사용된다.

기업이 대등 가격전략을 구사할 때는 마케팅 전략에서 가격이 차지하는 비중이 그만큼 줄어들고 제품, 유통, 촉진과 같은 다른 마케팅믹스Marketing Mix 요소들이 보다 더 중요한 역할을 하게 된다.

(3) 상대적 저가격 전략

상대적 저가격 전략Value Pricing Strategy이란, 경쟁기업보다 낮은 가격을 책정함으로써 철저하게 생산규모와 판매량을 늘리는데 목적이 있을 경우, 사용되는 가격 전략의 유형이다.

상대적 저가격 전략은 수요의 탄력성이 높아 소비자가 가격에 대해 민감한 반응을 보일 때나 자사가 진출하려고 하는 시장에 경쟁기업의 수가 너무 많을 경우에 사용될 수 있으며, 이 전략을 구사하려면 경쟁기업들에 비해서 원가구조상의 우위를 가지고 있어야 한다.

(4) 서비스 가격 전략

서비스 기업들이 가격전략을 구사하는데 있어서 가장 중요한 점은 어떤 수준의 가격을 책정하는가에 관한 문제라고 할 수 있지만, 이외에도 서비스가격 전략과 관련해서 몇 가지 목표를 설정해야 한다.(이유재, 2004, p.175)

표 8.1 서비스가격 전략의 실제적 이유

서비스가격 전략의 이슈	내 용
특정서비스에 대한 가격 책정	• 서비스 조직은 어떠한 원가를 보전하려 하는가와 관련된 문제 • 서비스 조직의 특정이익 마진이나 투자수익률을 얻고자 하는 노력과 관련된 문제 • 소비자들의 상이한 가격에 대한 민감도와 관련된 문제 • 경쟁기업의 가격과 관련된 문제 • 가격으로부터 소비자에게 어느 정도의 할인을 제공할 수 있는 것과 관련된 문제 • 심리적인 가격 결정이 관례적으로 이용되는지와 관련된 문제
가격 결정의 원천	• 특정 업무의 수행 • 서비스시설에 대한 입장 • 시간단위(시간, 주, 월, 년) • 거래금액에 대한 수수료 비율 • 물질적 자원 • 지리적 거리나 제공되는 서비스의 중량이나 크기 • 각각의 서비스 요소들이 개별적으로 수금되는지와 관련된 문제 • 패키지에 대해 하나의 가격이 부과되어야 되는지와 관련된 문제
지불금액 수금 주체 관련	• 서비스를 제공하는 조직 • 전문적인 중개인 • 중개인은 중개를 통하여 얼마나 보상받아야 하는가와 관련된 문제
지불 장소	• 서비스가 제공되는 장소 • 편리한 소매대리점 또는 금융 중개인 • 구매자의 가정(우편, 전화, 인터넷 등)
지불 시기	• 서비스 제공 전이나 제공 후 • 하루 중 아무시간이나 • 일주일 중 무슨 요일
지불 방식	• 현금 및 수표 • 신용 · 직불카드 • 서비스 제공자와의 신용거래 • 상품권 • 온라인 결제
목표시장에 알리는 가격 관련	• 어떤 커뮤니케이션 매체를 통해서 알리는 것과 관련된 문제 • 어떤 메시지를 전달하는가와 관련된 문제

(5) 호텔 객실요금 가격결정 방법

호텔의 객실요금을 결정하기 위해서는 내부 환경요인과 외부 환경요인을 분석하는 것이 필요한데, 내부 환경요인으로는 투자자본, 인건비, 간접비용 등이 있으며, 외부 환경요인으로는 수요와 공급, 경쟁상황 등이 있다. 또한 회계학적인 접근방법과 비회계학적인 접근방법이 있는데, 회계학적인 접근방법은 영업비용, 세금, 감가상각비 등을 고려하고, 손익분기점을 분석하여 분석하는 방법이다.

비회계학적인 가격결정 방법으로는 선두기업 가격결정 방법, 경쟁 가격결정 방법, 심리학적 가격결정 방법, 시험적 가격결정 방법, 직관적 가격결정 방법 등이 있으며, 각 방법에 대한 간략한 설명은 아래와 같다.(박영기 외, 2013, p.57 참조)

(1) 선두기업 가격결정 방법

같은 산업군 내에서 시장점유율이 가장 높은 선두기업의 가격결정 방법과 유사하게 가격을 책정하는 방법을 의미한다.

(2) 경쟁 가격결정 방법

경쟁호텔의 객실 상품과 유사한 가격을 책정하는 가격결정 방법이라고 할 수 있다.

(3) 심리학적 가격결정 방법

수요와 공급, 계절적 요인 등을 고려하여 호텔에서 객실 상품의 가격을 책정하는 방법을 의미한다.

(4) 시험적 가격결정 방법

일정한 시험적 기간에 고객들의 반응을 테스트 한 후 호텔객실 상품 가격을 책정하는 방법을 의미한다.

(5) 직관적 가격결정 방법

호텔객실 상품의 가격을 책정하는 의사결정권자의 직관으로 책정하는 방법이라고 할 수 있다.

07 호텔 유통전략

1) 유통전략의 이해

유통이란, 생산된 제품이나 서비스를 소비자에게 이전하는 과정을 의미하며, 유통산업이란 도매상과 소매상 및 물적 유통기관 등과 같이 유통기능을 수행하고 지원하는 유통기구들의 집합을 말한다.

유통경로Channel of Distribution란, 제조업자 → 도매상 → 소매상 → 소비자 형태와 같이 제품이나 서비스가 생산자로부터 소비자에게 이전되어 가는 과정에 거치는 경로이며, 이때의 유통경로는 제품 · 가격 · 촉진과 함께 마케팅믹스Marketing Mix 구성요소의 하나가 된다.

2) 호텔관광 기업의 유통

유통의 기본적인 기능은 판매자의 상품을 효율적으로 시장에 전달하고 시장에서 얻은 정보를 수집하여 판매자에게 전달시켜 주는 역할을 하는 것이다. 일반적으로 관광유통은 관광공급업자와 소비자인 관광객 사이에 여행사와 같은 알선업체가 유통을 담당한다.

다시 말해서, 관광유통은 관광공급업자가 관광객을 위한 시설, 호텔, 항공사, 테마파크, 리조트, 렌터카 등의 관광상품을 여행사에 제공하고, 여행사는 관광공급자의 관광상품을 받아 관광객에게 판매하는 유통구조를 가지고 있다. 그러나 관광상품은 제품처럼 제조업자 → 도매상 → 소매상 → 소비자의 유통과정을 반드시 거치지 않는 경우가 많다.

예를 들어, 관광객이 직접 호텔과 항공사에 예약을 하고 현지관광도 관광객이 현지에서 직접 수배하는 것이 가능하기 때문이다. 특히 호텔 숙박 또는 항공좌석 등 단일 관광상품만을 이용할 경우 유통과정을 거치지 않고 직접 구매하는 경우가 많이 있다.(이정학, 2003, p.173)

08 호텔 촉진전략

인터넷 및 스마트폰의 일반화로 인하여 호텔 서비스 산업을 포함한 모든 산업의 촉진전략도 빠르게 변화하는 마케팅 환경에서 경쟁우위를 확보해야만 성공할 수 있는 상황이 되었다고 할 수 있다.

마케팅의 촉진수단도 블로그, 검색엔진, SNS 등 다양한 형태로 실시간 변화하는 환경에 바로 적응해야만 하며, 소비자들의 다양한 욕구를 충족시켜야만 지속적인 경쟁력을 확보하여 기업이 생존할 수 있는 시대가 되었다. 특히, 우리나라가 관광산업을 더욱 촉진하기 위해서는 중간가격대의 숙박시설의 증가가 매우 효과적인 마케팅 전략이기 때문에 높은 가격대의 특급호텔뿐만 아니라 비즈니스호텔의 촉진전략을 통한 성장률이 높아지고 있다고 할 수 있다.

1) 촉진전략의 이해

(1) 촉진의 개념

촉진Promotion이란, 기업의 제품이나 서비스를 주어진 가격에 구매하거나 구매를 계속하도록 유도할 목적으로 제품 또는 서비스의 성능이나 가치에 대하여 현재 및 잠재고객을 대상으로 정보를 제공하거나 설득하는 것과 관련된 마케팅 노력의 일체를 의미한다.(Robertson, 1971, pp.43~44; 김종의 외, 2003, p.284 재인용)

즉 촉진이란, 마케터가 자사의 제품이나 서비스를 경쟁기업의 제품이나 서비스보다 우수하다는 것을 고객들에게 알려서 그들로 하여금 제품을 구매하도록 유도하기 위해 판촉, 광고, 홍보 등의 수단을 활용하여 정보를 제공하고 설득하는 종합적인 활동을 의미한다.

위에서 설명한 바와 같이 촉진은 일종의 커뮤니케이션Communication이라고 할 수 있으며, 이러한 촉진수단으로는 광고, PR, 인적판매, 판매촉진 등이 있다.

촉진전략은 푸시전략Push Strategy과 풀전략Pull Strategy으로 분류할 수 있다. 푸시전략은 제조업자가 중간상을 대상으로 적극적인 촉진전략을 사용하여 도매상이나 소매상들이 자사의 제품을 적극적으로 판매하도록 유도하는 전략이며, 푸시전략에서는 중간상 판촉의 중요성이 증가하게 된다. 풀전략이란 최종소비자들을 대상으로 적극적인 촉진을 사용하여 소비자가 자사의 제품이나 서비스를 적극적으로 찾게 함으로써 중간상들이 자발적으로 자사의 제품을 취급하게 만드는 전략을 말한다.

(2) 촉진의 기능

① 정보제공

잠재고객이 어떤 제품을 구매하려면 우선 그 제품에 대한 지식을 필요로 하기 때문에 정보제공Informing은 촉진의 가장 기본적이고 중요한 기능이라고 할 수 있다. 정보제공적 촉진기능은 기업이 신제품을 출시하여 본원적 수요를 창출하고자 하는 경우에 특히 중요시되는데, 신제품을 출시한 기업은 제품의 구매를 촉구하기보다는 그 제품의 존재가치나 특성 또는 경쟁제품보다 우수함을 알려주는 촉진활동을 하게 된다.

② 설득

설득Persuading 기능이란, 소비자의 구매행동에 영향을 끼칠 목적으로 긍정적이고 호의적인 소비자 태도를 개발하거나 재강화하기 위해 노력하는 촉진활동을 의미한다. 경쟁기업이 자사와 유사한 제품을 공급하고 있는 경쟁적 시장상황이라면, 마케터는 자사제품의 비교 우위적 특성을 부각시켜 표적 고객들로 하여금 자사의 제품을 구매하도록 설득하여야 한다.

③ 회상

소비자들이 자사 상표에 대하여 잘 알고 있으면서 긍정적일 경우 촉진의 주요한 목표는 회상Reminding이 된다. 그 이유는 소비자가 자사의 제품에 대한 선호도가 높더라도 경쟁기업의 여러 촉진도구에 끌릴 수 있기 때문에, 소비자에게 자사제품의 장점을 회상시키고 소비자들이 올바른 선택을 하고 있다는 것을 다시 확인시키기 위해서이다. 회상 기능은 주로 제품수명 주기 상 성숙기 제품의 중요한 촉진목표가 된다.

2) 촉진수단

(1) 광고

일반적으로 광고Advertising란, 자신의 이름을 밝힌 광고주가 사람의 대화가 아닌 정보전달의 매체를 이용하여 어떤 상품(서비스, 생각, 사람, 조직단체 등 포함)을 특정 대상에게 소개하거나 판매를 촉진하는 활동으로 정의할 수 있는데, 여러 학자들에 의해서 다양하게 정의되어지고 있다.

모든 광고에는 초점이 있어야 하는데, 일반적으로 초점이란 상품 자체를 의미하는데 더 정확하게 말하면 상품에 대해 알리고자 하는 내용을 의미한다. 또한 모든 광고는 사용하는 목적이 있어야 하며, 그 성과에 대한 평가가 필요하다. 광고는 상품을 소개하거나 판매를 촉진하기 위해 사용되는데, 광고의 효과는 상당히 다양하므로 다목적으로 사용이 가능하고 각 목적별로 어느 정도의 효과 측정이 가능하다.

(2) 홍보

홍보Publicity란, 대가를 지불하지 않고 TV, 라디오, 신문매체 등의 비인적 매체를 이용하여 제품 및 서비스에 관한 소식을 고객에게 제공하는 활동을 말한다. 홍보는 다음과 같은 특성을 가지고 있다. 첫째, 홍보는 비용을 기업이 부담하지 않고 매체회사가 부담함으로써 무료로 이루어진다. 둘째, 매체회사의 주관하에 뉴스 형태로 정보가 제공되기 때문에 광고와 비교해서 훨씬 소비자들의 신뢰도가 높다. 셋째, 매체의 사정에 따라 모든 것이 결정되고 진행되기 때문에 뉴스 형태로 제공되는 자사 관련기사 내용이나 정보제공 시간 등에 대해 통제의 어려움이 있다.

(3) PR

PRPublic Relations은 기업 이미지를 제고시킬 목적으로 각종 간행물을 발행하고, 자선단체를 지원하며, 지역사회 봉사활동을 하는 등 고객뿐만 아니라 일반 대중에게 직 · 간접의 편익과 혜택을 제공하는 활동을 말한다. PR의 궁극적인 목적은 이미지 제고를 통해서 자사제품이나 브랜드의 선호도를 높이려는데 있다.

(4) 인적판매

① 인적판매의 개념

인적판매Personal Selling란, 판매원을 통해 잠재고객에게 제품에 대한 정보를 제공하고 구매하도록 설득하는 촉진수단으로 방문판매나 점원의 구매권유 행위가 그 대표적인 예이다.

일반적으로 인적판매의 목적은 예상고객을 찾고, 그들에게 구매하도록 확신시키며, 구매 결과에 대해 만족감을 갖도록 하는 데에 있다. 대부분의 잠재 구매자들은 제품을 구매하기 전에 정보를 탐색하기 때문에, 판매원은 먼저 그들의 정보욕구를 확인한 다음 관련되는 정보를 제공해야 한다.

인적판매는 다음과 같은 장점과 단점을 가지고 있다.

○ 장점

- 고객과 판매원이 양방향 커뮤니케이션Two-ways Communication을 하기 때문에, 고객이 많은 정보를 접할 수 있다.
- 다른 촉진도구들과 비교할 때보다 효과적으로 표적시장의 핵심고객을 겨냥할 수 있다.
- 고객과 판매자 사이의 적극적인 상호작용이 일어나기 때문에, 특정한 고객의 욕구에 유연성 있게 대처할 수 있다.
- 고객반응에 대해서 즉각적인 피드백이 이루어질 수 있으며, 고객들과 장기적인 관계를 구축할 수 있다.

○ 단점

- 판매원이 접촉할 수 있는 고객의 수가 한정되어 있기 때문에, 촉진의 속도가 매우 느린 편이다.
- 고객 한 명에 대해서 많은 촉진 비용이 사용된다.
- 유능한 판매원을 선발, 교육, 훈련하는데 비용이 많이 들며, 유능한 판매원을 확보해서 유지하는 데에 어려움이 따른다.

(5) 판매촉진

판매촉진Sales Promotion이란, 기업이 소비자들의 즉각적인 반응을 유발시켜 단기적으로 매출을 증대시키기 위하여 사용하는 모든 수단을 의미한다. 소비자 판매촉진의 목적은 대량구매와 충동구매를 자극하고, 비사용자의 시험사용을 유도할 뿐만 아니라 경쟁제품을 사용하는 고객을 자사의 고객으로 전환시키려는 목적을 가지고 진행된다. 소비자 판매촉진 기법들로는 견본, 쿠폰, 프리미엄, 현금환불, 소액할인, 무료시용, 연계촉진 등이 있다.

(6) 직접마케팅

직접마케팅Direct Marketing은 대중매체나 판매원을 활용하지 않고 고객에게 직접 다양한 방법으로 커뮤니케이션을 하는 촉진활동을 의미하며, 직접마케팅의 방법으로는 DMDirect Mail을 발송하거나, 텔레마케팅Telemarketing, 이메일 등을 통한 촉진활동이 있다.

직접마케팅은 고객에게 맞춤정보를 제공할 수 있는 장점이 있지만, 촉진속도가 느리고 비용이 많이 들뿐만 아니라 제한된 시간 내에 접근할 수 있는 고객의 수가 제한적이라는 단점이 있다.

CHAPTER 09

호텔식음료 서비스

호텔서비스 실무 Hotel Service

호텔에서 식음료 서비스 상품은 객실 상품과 더불어 가장 중요한 서비스라고 할 수 있으며, 식음료 서비스 상품의 제공 및 판매 이상의 의미를 가지고 있다고 할 수 있다. 먼저, 호텔의 매출과 관련된 부분뿐만 아니라 실질적으로 우리나라의 시장경쟁구조상 특급호텔은 과점Oligopoly에 해당되기 때문에 이러한 시장경쟁구조에서 호텔들이 경쟁력을 강화하여 경쟁호텔에 비해 경쟁우위Competitive Advantage를 확보하기 위해서는 식음료 서비스에서 경쟁우위를 확보하는 것이 매우 유리하다고 할 수 있다. 또한 이러한 경쟁우위를 확보하기 위해서는 각 호텔의 식음료서비스에 있어서 핵심역량Core Competencies을 확보하는 것이 매우 중요한데 식음료 서비스의 특성상 핵심역량을 확보하는 것은 쉬운 일이 아니기 때문에 식음료 서비스와 관련된 식음료Food and Beverage 자체뿐만 아니라 서비스에 대해서도 지속적으로 개선Continuous Improvement는 과정이 매우 중요하다고 할 수 있다.

호텔식음료 서비스는 고객에 대한 식음료 판매행위와 그에 따른 모든 물적, 인적 서비스를 제공하는 환대 행위라고 정의할 수 있다. 또한 호텔에서 식음료 서비스를 제공하는 종사원이 갖추어야 할 기본 요건은 아래의 표로 요약할 수 있다.(김혜영 외, 2014, p.335 참조)

표 9.1 호텔식음료 종사원이 갖추어야 할 기본 요건

항 목	내 용
봉사성	진심어린 마음으로 인간미가 수반된 인적서비스
청결성	공공위생(Public Sanitation : 집기, 비품, 린넨, 가구 등의 청결상태)과 개인위생(Private Sanitation : 종사원의 용모, 복장 등 외형상의 청결성)
능률성	주어진 시간 내에 맡은 바 업무를 정확히 파악한 후 최대의 능력을 발휘하여 성과를 도출
경제성	레스토랑 업장내의 최상의 경제성과를 얻기 위해 경비지출을 최소화하고 효율화하여 수익성에 기여
정직성	정직하고 올바른 행동은 종사원이 갖춰야 할 가장 중요한 덕목으로, 정직성은 고객 또는 직원들 간의 신뢰성 형성의 바탕이 되어 고객과 회사 내 직원들 간의 협조를 끌어내는데 가장 크게 기여
환대성	모든 고객에게 예의바르고 공손하며, 밝은 미소로 고객을 환대하는 태도

01 호텔식음료의 이해

식음료Food and Beverage란, Food and Beverage의 합성어로서 호텔에서 객실에 이어 고객들에게 제공되는 중요한 서비스상품이라고 할 수 있다.

1) 식음료의 개념

식음료업장은 일반적으로 주로 음식Food을 판매하는 식당과 음료Beverage를 판매하는 주장으로 나눌 수 있는데, 주장이란 술을 중심으로 한 음료판매가 가능한 일정한 시설을 갖추고, 이를 판매하고 동시에 서비스가 이루어지는 공간을 의미한다.

2) 식당

식당Restaurant이란, 영리 또는 비영리 목적으로 일정한 장소와 시설을 갖추어 인적 서비스와 물적 서비스를 동반하여 음식물을 제공하고 휴식을 취하게 하는 곳을 의미한다.

Restaurant의 어원은 프랑스어인 'de Restaurer'에서 유래되었는데, '수복하다', '기분을 회복하다'라는 의미이다. 즉 영양이 있는 음식물을 섭취하고 휴식을 취함으로써 건강을 회복시켜 원기를 되찾는다는 의미이다.

식당을 현대적 관점에서 정의하자면, 고객과 기업의 측면에서 나누어 고찰할 수 있다. 고객의 측면에서 식당은 피로와 원기를 회복하고 식욕을 충족시켜 주는 공간이고, 기업의 측면에서의 식당은 일정한 장소에 필요한 시설을 갖추고 식음료 상품을 인적 서비스를 통해서 판매하는 영리를 목적으로 한 장소라고 할 수 있다.

따라서 일반적인 식당의 정의는 영리를 목적으로 하는 업종으로써, 일정한 장소와 시설을 갖추고 인적 서비스와 물적 서비스를 통하여 음식물을 제공하는 서비스업이라고 할 수 있다.

(1) 식당의 종류

① 명칭에 의한 분류

○ 레스토랑Restaurant

일반적으로 식당의 의미를 사용되고 있는 레스토랑은, 고급식당으로서 식탁과 의자를 마련하여 놓고 고객의 주문에 의하여 웨이터나 웨이트리스가 음식을 제공하는 훌륭한 시설이 갖추어진 최상급의 식당을 의미한다.

○ 커피숍Coffee Shop

커피숍은 커피와 음료 또는 간단한 식사를 판매하는 식당이다.

○ 카페테리아Cafeteria

음식물이 진열되어 있는 카운터 테이블에서 음식을 고른 다음 요금을 지급하고, 일반적으로 고객들이 셀프서비스로 음식을 먹는 식당이다.

○ 다이닝 룸Dining Room

주로 정식을 제공하는 호텔의 메인 식당으로, 이용하는 시간을 정하여 조식을 제외한 점심과 저녁식사를 제공한다.

○ 그릴Grill

일품요리를 주로 제공하며 호텔의 이윤 극대화 및 고객의 편의와 기호에 최대한 맞추기 위해 그날의 특별요리를 제공하기도 하며, 아침, 점심, 저녁식사가 제공된다.

ㅇ 뷔페식당Buffet Restaurant

준비해 놓은 요리를 균일한 요금을 지급하고, 고객이 자기의 양 만큼 선택해서 식사할 수 있도록 하는 식당이다.

ㅇ 런치 카운터Lunch Counter

식탁 대신 조리과정을 직접 볼 수 있는 카운터 테이블에 앉아서, 조리사에게 직접 주문하여 식사를 제공받는 식당이다.

ㅇ 리후레시먼트 스탠드Refreshment Stand

간편한 간이음식을 만들어 진열장에 미리 진열해 놓고, 바쁜 고객들로 하여금 즉석에서 구매해서 식사할 수 있도록 한 식당이다.

ㅇ 드라이브 인Drive-in

도로변에 위치하여 자동차를 이용하는 고객들을 대상으로 음식을 판매하는 식당이다.

ㅇ 다이닝 카Dining Car

기차를 이용하는 여행객들을 위하여 식당차를 여객차와 연결하여 그 장소에서 음식을 판매하는 식당이다.

② 식당서비스 형식에 의한 분류

ㅇ 테이블서비스 식당Table Service Restaurant

일반적인 형태의 식당으로서 일정한 장소에 식탁과 의자를 준비하여 놓고, 손님의 주문에 의하여 웨이터나 웨이트리스가 음식을 제공하는 식당이다.

ㅇ 카운터서비스 식당

손님이 조리과정을 직접 볼 수 있도록 주방을 개방시켜 그 앞의 카운터를 식탁으로 하여 음식을 제공하는 식당이다. 이러한 형태의 식당은 고객이 직접 조리과정을 지켜보기 때문에 보다 위생적이고 신속하게 음식을 제공할 수 있다.

- 셀프서비스 식당

고객이 직접 자신의 기호에 맞는 음식을 운반하여 식사하는 형태의 식당을 말하며, 고객이 기호에 맞는 음식을 양껏 식사할 수 있고 신속한 식사가 가능하다. 고객의 입장에서는 불평이 감소할 수 있으며, 호텔의 입장에서는 인건비가 줄어들 수 있는 특성이 있다.(최병호 외, 2004, pp.165~174 참조)

02 호텔식음료 서비스의 기본절차

식음료서비스에 있어서 고객을 응대하는 서비스 기본절차를 살펴보면, 다음과 같이 28단계의 단계로 나누어서 살펴볼 수 있다.(김혜영 외, 2014, p.336)

- 환영
- 고객의 외투나 소지품 보관
- 테이블 안내
- 의자 서비스
- 식전주 주문
- 식전주 서비스
- 물 서비스
- 음식 추천
- 메뉴 설명, 와인과 음식 주문 받기
- 계산서 작성

- 테이블 재 세팅
- 버터 서비스
- 빵 서비스
- 화이트 와인 서비스
- 쇼 플레이트 치우기
- 전채요리 서비스
- 수프 서비스
- 셔벗 서비스
- 레드와인 서비스
- 메인디시 서비스
- 테이블 청소
- 스파클링 와인 서비스
- 후식 메뉴 추천과 주문
- 후식 기물 세팅
- 후식 서비스
- 음료 주문 및 서비스
- 계산
- 환송

03 호텔식음료 업장의 업무 및 특성

식음료 부서는 크게 조리를 담당하는 부서와 식음료를 판매하는 판매부서인 식음료 부서로 나눌 수 있으며, 식음료 영업장은 크게 식당부분, 음료부분으로 나눌 수 있으며, 식음료 부서의 직무는 다음과 같다.

1) 식음료 부서의 직무

(1) 지배인Outlet Manager의 직무

- 레스토랑의 영업을 책임지고 경영한다.
- 레스토랑을 유지 · 관리한다.
- 부하직원을 관리 · 감독하고 교육 · 훈련을 실시한다.
- 고객을 영접 · 환송하고 불편사항을 처리한다.
- 직원들의 근무스케줄 작성 및 업무 분장을 실시한다.
- 영업 전 · 후 업무를 체크하여 서비스에 만전을 기한다.
- 주방과 홀 주방 사이에 업무협조가 잘 되도록 조정역할을 한다.

(2) 접객조장Captain의 직무

- 지배인의 업무를 보조하고 부재 시 대행한다.
- 영업시작 전 웨이터와 웨이트리스를 점검하고 서비스 담당구역을 할당한다.
- 테이블세팅 등 영업 준비를 위한 제반사항을 확인 점검한다.
- 고객을 영접하고 식음료를 주문받는다.
- 담당 웨이터와 웨이트리스를 지휘하여 서비스에 만전을 기한다.
- 식사를 마친 고객에게 계산서를 제공한다.

(3) 접객원Waiter / Waitress의 직무

- 캡틴의 업무를 보조한다.
- 영업 전 · 후로 자기가 맡은 업무분장을 충실히 수행한다.
- 자기가 맡은 테이블에 올바른 서비스의 절차에 따라 음식을 서브한다.
- 테이블세팅 및 서비스에 필요한 각종 용품을 체크한다.
- 고객이 떠난 테이블을 재정비한다.

(4) 리셉셔니스트Receptionist의 직무

- 영접, 안내, 환송 등 고객응대와 관련된 업무를 수행한다.
- 각 서비스지역에 배치된 캡틴이나 웨이터를 파악하고 테이블번호를 숙지한다.
- 레스토랑의 예약업무를 수행한다.
- 레스토랑의 페이징 서비스를 담당한다.

(5) 식음료 사무실 업무

- 식음료 부서의 예산 및 영업계획을 수립한다.
- 식음료 부서의 직원 충원요청 및 배치, 훈련 등 인사업무를 담당한다.
- 식음료 부서 내 각 업장의 재물을 관리 감독한다.
- 식자재 및 소모품, 기물 등을 청구한다.
- 각 업장의 지배인 및 직원들의 근무스케줄을 취합하고 통제한다.
- 식음료부서 직원들의 상담 및 고충처리를 돕는다.

(6) 룸서비스Room Service

룸서비스는 객실의 투숙객을 대상으로 식음료를 판매하는 부서인데, 투숙객들은 일반적으로 전화를 통하여 식음료를 주문할 수 있다. 룸서비스의 메뉴는 일반적으로 커피숍의 메뉴를 축소한 것이며, 별도의 룸서비스용 주방이 있는 것이 아니라 커피숍의 주방을 같이 사용한다.

(7) 연회 지배인Banquet Manager

연회 지배인은 연회주최자의 상황에 관심을 기울여야 하며, 연회 요금과 서비스 수준을 결정한다. 서비스 품질 및 고객만족의 관점에서 살펴보면, 비용을 높게 지불하는 연회와 그렇지 않은 연회의 경우, 같은 제공되는 식음료와 제공되는 서비스 품질의 차별화가 이루어져야 하는데, 그렇지 못한 경우 높은 비용을 지불하는 고객의 불평이 생길 수 있기 때문에, 연회지배인은 이러한 점을 고려하여 연회를 진행해야 한다.

(8) 연회 수납원Banquet Cashier

연회 수납원은 변경되는 예약사항이나 주문사항에 항상 주의하여 업무를 수행해야 한다.

(9) 바 지배인Bar Manager

바 지배인은 바텐더를 감독, 훈련, 지원하며 바가 항상 쾌적한 환경을 유지하여 바를 방문하는 고객들이 유형성적인 측면에서 최고의 서비스 만족도를 느낄 수 있도록 모든 직무에 만전을 기해야 한다.

(10) 바텐더Bartender

바텐더는 바에서 적정한 음료를 직접 제조하고 판매하는 업무를 수행한다. 다양한 주류의 종류에 대해서 지식을 숙지하여 고객들의 질문에 대하여 확실하게 응대하여 서비스 품질의 중요한 요소 중 하나인 확신성Assurance을 항상 고객들에게 심어 주어 최고의 고객만족을 위하여 항상 노력해야 하는 포지션이며, 급변하는 다양한 환경에서 출시되는 신제품 및 트렌드에 맞추어 항상 최신 정보를 습득하고 있어야 한다.

(11) 소믈리에

소믈리에Sommelier는 호텔 및 영업장의 모든 와인을 관리하는 담당자로서 와인에 관련된 많은 지식을 요구한다고 할 수 있다. 항상 와인에 관련된 섬세한 감각을 잃지 않도록 노력해야 하며 새로운 지식 및 정보, 트렌드를 접하는 것이 매우 중요한 요소라고 할 수 있다. 고객들에게 최고의 만족도를 제공하기 위해서는 소믈리에는 다른 부분도 중요하지만, 직무의 특성상 서비스 품질평가

기준의 확신성Assurance을 제공할 수 있도록 항상 노력해야 한다.

2) 식음료 상품의 특성

(1) 생산 측면에서의 특성

- 생산과 판매가 동시에 일어난다.
- 주문생산을 원칙으로 한다.
- 수요와 예측이 어려워 대량생산의 문제점이 있다.
- 인적자원에 대한 의존도가 크다.
- 다양한 고객의 욕구로 인해 생산의 표준화가 어렵다.

(2) 판매 측면에서의 특성

- 식음료는 저장판매가 불가능하다.
- 반품과 재고가 없다.
- 호텔 내에서만 판매가 가능하기 때문에 유통과정이 없다.
- 메뉴에 의한 상품판매가 이루어진다.
- 시간과 장소적인 제약을 받는다.
- 인적자원에 대한 의존도가 높다.

04 호텔식음료 업장의 유형

1) 양식당

서양의 음식을 판매하는 식당으로 호텔의 대표적인 식당이라고 할 수 있으며 French Restaurant, Italian Restaurant 등 그 명칭이 다양하다고 할 수 있다.

양식당에서는 테이블 세팅Table Setting이 중요한데, 테이블 세팅이란 고객이 테이블에서 편안하게 식사를 할 수 있도록 테이블 및 의자, 냅킨, 은기류, 도기류, 글라스류 등을 바르게 갖추어 놓는 것을 의미한다. 양식의 풀코스는 6가지, 8가지, 9가지 코스 등으로 세트화 되어 있는 것을 의미한다.

2) 한식당

한식은 주식과 부식의 구별이 뚜렷하고, 부식의 가짓수가 많아 일손이 많고, 상차림이 복잡한 특성을 가지고 있다. 또한 정성과 손끝이 맛을 좌우한다. 한식의 상차림과 서비스는 상차림의 형식은 정형화되어 있는 것이 아니라, 차리는 사람, 재료, 지방 등에 따라 약간씩 차이가 있으며, 주식과 부식을 분리하여 영양의 균형을 고려하고 재료와 조리법을 감안하여 예로부터 전해 내려오는 기본 형식과 원칙이 있다고 할 수 있다.

3) 중식당

중국요리의 특징은 조리시간이 대체로 짧고, 재료를 낭비 없이 사용한다. 또한 기름의 사용이 합리적이며, 큰 접시에 담아 여러 사람이 덜어먹을 수 있도록 식기나 재료적인 면에서 비교적 경제적이다.

4) 일식당

일식은 식사 전에 항상 물수건과 오차를 제공하고, 사시미와 모듬요리가 2인분 이상일 경우엔 앞 접시를 제공한다. 일본은 사면이 바다로서 해산물 요리가 발달하였으며, 고온다습한 기후로 인해 담백한 음식이 주를 이룬다.

5) 뷔페식당

뷔페식당이란, 주로 양식의 코스별 요리를 다양하게 차려 놓고 고객이 직접 가져다먹을 수 있도록 한 식당을 의미한다. 우리나라의 많은 특1급 호텔들이 뷔페식당을 운영하고 있다.

05 호텔메뉴의 이해

1) 메뉴의 개념

메뉴Menu란, 식음료를 판매하는 영업장에서 취급하는 모든 품목과 가격을 고객이 알기 쉽도록 상세히 설명한 표라고 할 수 있다.

2) 메뉴의 역할(김홍일, 2014, p.205 참조)

- 고객과 약속한 가치
- 식당 경영방침의 집약
- 식당의 개성을 표현하고 이미지 조성
- 무언의 서비스맨과 세일즈맨 역할 수행
- 고객과 서비스 제공자의 하모니
- 요리연구의 출처
- 서비스 약점을 보완하기 위해 유형화
- 식당의 입지를 결정
- 서비스 공간과 실내장식 결정

3) 메뉴의 분류

(1) 품목변화 정도에 의한 분류

고정메뉴, 순환메뉴, 가변메뉴, 특별메뉴 등으로 구분할 수 있다.

(2) 서비스방법에 의한 분류

정식요리, 선택요리 등으로 구분할 수 있다.

(3) 시간에 의한 분류

조식, 중식, 석식 등으로 분류할 수 있다.

06 호텔주방의 조직

호텔의 특성상 가장 중요한 조직 중 하나가 주방부서라고 할 수 있으며, 호텔주방의 개요와 주요 조직은 다음과 같다.(김홍일, 2014, p.200 참조) 호텔의 주방은 요리 및 메뉴 개발, 식자재 구매, 인력관리 등 호텔요리 상품과 주방 운영에 관계되는 업무를 효율적으로 수행하기 위해서 구성된 조직이다. 호텔주방 조직의 구성은 음식을 생산하는 부서에 따라 양식 주방, 한식 주방, 일식 주방, 중식 주방 등으로 구성된다.

주요 직책에서 수행하는 직무는 아래의 설명과 같다.

1) 총주방장

총주방장Executive Chef은 조리부 영업활동에 대한 전체적인 권한과 책임을 가진 주방의 총괄 책임자이다. 요리생산을 위한 재료의 구매에 관한 견적서 작성, 인사관리에 따른 노동비 산출, 종사원의 안전, 메뉴의 객관화와 관련된 직무를 수행한다.

2) 부총주방장

부총주방장Assistant Executive Chef은 총주방장을 보좌하며 부재 시에 그 직무를 대행한다. 주방의 메뉴계획을 수립하고 조리인원에 대한 배치와 실무적인 교육 및 훈련을 감독하고 지휘하는 직무를 수행한다.

3) 단위주방장

단위주방장Sous Chef은 총주방장과 부총주방장을 보좌하는 역할을 수행하며, 단위주방 부서의 장으로서 조리와 인사에 관련된 직무를 수행한다.

4) 헤드셰프

헤드셰프Head Chef는 호텔 레스토랑, 영업장의 주방 책임자로서 단위 영업장의 주방 업무를 총괄하며 책임을 지는 직무를 수행한다.

5) 부헤드셰프

부헤드셰프Assistant Head Chef는 헤드셰프 부재 시 대행 업무를 수행하며, 실무능력을 구비하여 레스토랑에서 본인의 맡은 직무를 수행한다.

6) 요리사

요리사Cook는 실질적으로 요리를 담당하며, 보조요리사와 조리실습생의 업무를 지도한다.

7) 보조요리사

보조요리사Cook Helper는 조리를 위한 준비과정을 담당하고, 요리사의 지시에 따라 요리를 하며 주방청소 등의 직무를 수행한다.

8) 조리실습생

조리실습생Trainee은 현장에서 조리를 처음 접하는 사람으로, 일반적으로 조리를 전공한 학생들이다. 조리실습생들은 기초적인 조리와 관련된 부분을 훈련받는다.

9) 기물담당 관리원

기물담당 관리원Chief Steward은 각 업장에서 필요로 하는 각종 장비, 도구를 관리하고 조달하며 업장의 청결유지와 세제를 관리한다. 또한 기물파손의 원인을 파악하여 기물파손을 최소화하고, 조리부 및 식음료부서의 각종 행사가 원만히 진행되도록 협조한다.

10) 기물 관리원

기물 관리원Steward, Stewardess은 호텔 레스토랑 주방과 호텔 식당의 홀에서 사용되는 기물인 접시류, 각종 유리용품, 스푼, 나이프, 포크, 냅킨 등을 세척하여 즉시 사용할 수 있도록 보관하고 관리하는 역할을 수행한다.

호텔서비스 실무 Hotel Service

CHAPTER 10

호텔연회

호텔서비스 실무 Hotel Service

01 호텔연회의 이해

1) 연회의 개념

연회란, 국내 사전적 의미로는 축하, 위로, 환영, 석별 등을 위하여 여러 사람이 모여 베푸는 잔치로 되어 있다. 연회에 해당하는 영어인 Banquet은 이탈리아의 고어인 'Banchetto'에서 유래되었다. Banchetto는 Banquet 외에 Bench(벤치), Bank(은행) 등의 단어를 파생시켰는데, 이들 단어의 공통점은 '사람들이 모이는 곳'이라는 의미를 가지고 있다. 『웹스터사전』에서는 Banquet을 "호화로운 향연, 특히 영예로운 사람을 위하여 혹은 참석한 많은 사람들을 위하여 정성들여 만들거나 격식을 갖춘 식사"라고 규정하고 있다. 이와 같이 연회Banquet는 어떠한 목적으로 여러 사람이 모여 식사를 즐기면서 향연을 즐기는 것이라고 정의할 수 있다.(이정학, 2006, p.14)

최근에는 다양한 요인으로 인해 호텔을 이용하는 고객들이 증가하고 있는 추세이며, 호텔을 이용하는 많은 고객들은 호텔의 업장 중 연회행사에 가장 많이 참여하고 있다. 또한 호텔연회장의 경우, 일반적으로 하나의 연회행사에 많은 인원이 참여하는 특성이 있기 때문에 그 중요성은 매우 크다.

2) 연회의 특성

호텔연회는 호텔에서는 실질적으로 객실과 함께 가장 많은 매출이 일어나는 부서이기 때문에, 객실의 영업과 함께 가장 많이 마케팅을 통한 판촉활동을 활발히 수행하는 부서 중 하나라고 할 수 있다. 이러한 호텔연회는 보는 관점에 따라 다양한 특성을 가지고 있는데, 그 특성을 살펴보면 다음과 같다(최동열, 1995).

(1) 호텔 홍보효과에 기여

호텔에서 개최되는 연회는 불특정 다수의 고객들을 표적시장으로 하고 있기 때문에, 일부 한정된 고객들에 의해서만 이용이 가능한 다른 기능과는 달리 호텔의 홍보 효과 및 인지도 향상에 많은 기여를 할 수 있으며, 특정 고객들에게 각인된 호텔 전체의 이미지를 개선하는데 있어서도 매우 긍정적인 기능을 가지고 있다.

(2) 호텔수익창출

호텔의 기능 중 연회 부분은 객실 부분과 비교하여 상대적으로 많은 매출액과 영업이익을 달성할 기회가 많기 때문에, 호텔의 전체적인 재무적인 부분에 있어서의 기여도가 매우 큰 부분이다. 예를 들어, 출장연회의 경우 제한된 상품을 판매하는 객실영업과는 달리 얼마든지 시장을 창출할 수 있는 부분이기 때문에 호텔기업의 역량을 키우는 데에 있어서 매우 중요하다.

(3) 규모의 경제를 활용한 원가절감 효과

호텔기업들은 일반적으로 많은 고객들을 한 번에 서비스하는 호텔연회를 통해서 생산량이 증가할수록 한 단위생산량의 생산비는 절감되는 규모의 경제 Economies of Scale를 활용한 식자재에 대한 원가절감 효과를 누릴 수 있다.

(4) 호텔의 타 부분에 미치는 파급 효과

호텔에서 개최되는 연회행사를 통하여 호텔기업들은 연회의 매출 증대뿐만 아니라, 연회행사에 참여하는 고객들이 객실에 투숙하기도 하고 호텔의 다른 식음료 매장을 이용하기도 하며 사우나, 헬스클럽 등 다른 부대시설의 이용을 촉진하여 연회와 직접적으로 관련이 없는 호텔 내 다른 매장의 매출 향상에 기여하게 된다.

(5) 예약을 통한 준비 및 개최

각종 컨벤션이나 연회는 예약에 의해서 접수되고 견적서에 의해서 계약이 성립되며 행사 지시서에 의해서만 준비 → 진행 → 마감되는 시간과 공간적인 제약을 받는다. 연회가 예약에 의해 개최되고 이에 따라서 준비가 이루어지기 때문에, 주최자가 의도하는 대로 사전 준비할 수 있다는 장점이 있다.

3) 연회의 중요성

호텔에서 제공되는 서비스 중 연회서비스는 다른 기능에 미치는 파급효과가 클 뿐만 아니라 호텔기업의 재무적인 측면에서 볼 때 그 중요성이 매우 크며, 객실 상품과 같이 환경에 따라서 상품 판매의 제한을 뛰어넘어 새로운 시장을 창출할 수 있기 때문에 그 중요성이 매우 크다고 할 수 있다.

4) 연회의 효과

우리나라 호텔산업의 특성상 호텔연회는 그 중요성과 효과가 상당히 크다고 할 수 있는데, 호텔연회의 효과는 경제적인 효과, 사회적인 효과, 문화·관광적인 효과, 호텔경영적인 효과 등으로 나누어 볼 수 있다.(손재근, 2010, p.19 참조)

(1) 경제적 효과

국제회의를 비롯한 대규모의 연회가 활성화되면 연회서비스 뿐만 아니라 객실과 식음료 판매 등으로 인해 호텔의 매출과 영업이익 등이 증가하게 된다. 이로 인해, 호텔의 입장에서는 증가하는 연회서비스를 소화하기 위하여 더 많은 인적자원의 투입이 필요하기 때문에, 국가의 경제적인 측면에서도 최근 가장 이슈가 되고 있는 고용창출의 효과와 밀접한 관계가 있다고 할 수 있다.

(2) 사회적 효과

G20Group 20과 같은 세계적인 국제회의와 연회를 개최함으로써 우리나라가 세계적으로 홍보가 되며 사회적으로 위상이 달라질 수 있고, 글로벌화와 함께 국민들의 자부심과 의식수준도 향상되므로, 호텔연회서비스는 사회적인 효과도 매우 크다고 할 수 있다.

(3) 문화 · 관광적 효과

호텔연회장에서 국제회의 참가자들에게 우리나라의 전통문화 및 예술을 소개하며 전 세계인에게 보여줄 수 있는 중요한 시점으로 최대의 효과를 누릴 수 있다. 호텔연회서비스를 통한 문화 · 관광적인 효과는 매우 크기 때문에, 정부도 전략적인 관점에서 이를 활용할 필요가 있다고 할 수 있다.

5) 경영적인 효과

호텔의 경영적인 측면에서도 호텔에서 판매되는 상품인 객실과 식음료, 부대시설, 임대료 수입 등은 고정적인 측면이 있지만, 호텔연회서비스의 경우 출장연회 등 그 범위를 계속해서 확대해 나갈 수 있기 때문에, 호텔경영적인 측면에서도 호텔연회서비스는 매우 중요한 부분이라고 할 수 있다.

02 호텔연회의 향후전망

1) 마케팅적인 측면의 활용으로서의 중요성 증대

일반적으로 호텔에서 개최되는 연회의 경우, 많은 고객들이 연회에 참여하기 때문에 호텔의 입장에서 볼 때에는 고객들에게 마케팅을 제공할 수 있는 매우 좋은 기회라고 할 수 있다. 많은 하객들이 참여하는 결혼식이나 약혼식, 돌잔치를 이용하여 연회에 참석하는 고객들에게 높은 품질의 서비스를 제공하게 되면 고객들에게 각인되는 효과를 극대화 할 수 있다. 이를 통하여 호텔기업들은 비용을 들이지 않고 구전 커뮤니케이션 등을 통하여 호텔을 홍보할 수 있으며, 결혼식의 하객들이나 약혼식, 돌잔치에 참석하는 고객들을 미래의 잠재적인 고객으로 확보할 수 있게 된다.

또한 앞으로 소득증대와 호텔이용객 수의 증가 등으로 인해 호텔연회서비스의 수요는 증가할 것으로 예상된다. 특히, 중국관광객을 중심으로 우리나라를 방문하는 관광객의 수가 더욱 빠른 속도로 증가하고 있다. 때문에 호텔연회서비스를 이용하고, 우리나라의 고객뿐만 아니라 더불어 글로벌 마케팅도 가능하다. 그러므로 진심어린 서비스마인드를 지닌 호텔리어의 양성이 매우 중요하다고 할 수 있다.

2) 글로벌화로 인한 호텔연회 이용객수의 증대

글로벌화Globalization의 일반화로 인해 국제관광이 활발해지면서 다양한 목적을 가지고 호텔서비스를 이용하는 이용객이 급증하였다. 호텔의 입장에서는 매출액 및 이익적인 측면뿐만 아니라 호텔경영의 전략적인 관점에서도 다른 경쟁 호텔기업들과의 경쟁에서 경쟁우위를 확보함에 있어서 호텔연회의 중요성은 매우 커지게 되었다.

3) 호텔 매출액과 관련된 재무적인 측면의 중요성 증대

호텔기업의 입장에서 볼 때 객실 상품의 경우는 매우 제한적이다. 그러나 연회 상품의 경우는 호텔 내에서 제공되는 연회서비스도 있지만, 출장연회와 같이 시간과 공간을 초월한 연회 상품을 촉진할 수 있기 때문에, 호텔연회서비스가 호텔기업의 재무적인 성과에 미치는 영향을 매우 크다고 할 수 있다.

또한 객실 상품을 이용하는 고객의 경우 대부분이 식음료 상품과 같은 연회 상품을 중복 이용하며, 식음료 상품과 같은 연회 상품에 대한 만족도가 객실 상품의 반복 구매를 유도하는 중요한 요인으로 작용할 수 있다. 그러므로 호텔 연회 상품을 개발하고 계속해서 경쟁력을 유지하는 것은 매우 중요하다.

03 호텔연회의 종류와 상품

호텔의 연회 상품은 시간, 내용, 장소와 같은 특성에 따라 분류할 수 있고, 식음료 상품, 대여 상품, 옵션 상품 등과 같이 연회 상품의 종류에 따라 분류할 수 있다. 호텔연회 상품은 그 특성에 따라 시간적인 분류, 내용적인 분류, 장소적인 분류를 할 수 있다.(손재근, 2010 참조) 페이지???

1) 시간적인 분류

호텔연회의 상품 중 시간적으로 분류된 상품은 조찬, 오찬, 만찬 등으로 분류할 수 있는데, 조찬은 일반적으로 오전 6시에서 10시까지의 시간으로, 조찬 행사를 갖는 목적은 하루일과 중에서 업무에 지장이 없이 일찍 모임을 갖고 그 이후의 일상 업무에 임하는 것이 목적이라고 할 수 있다. 아침 일찍 맞이하는 고객이기 때문에 서로 밝은 모습을 보여야 되고, 영업 준비적인 측면에서 전날 준비하는 직원이나 일찍 출근하는 직원이나 철저한 준비가 되어 있어야 조찬행사를 잘 진행할 수 있다.

조찬은 미국식 조식, 유럽식 조식, 비엔나식 조식, 영국식 조식 등으로 분류할 수 있다.

오찬은 일반적으로 12시에서 5시 사이에 이루어지는데, 점심식사와 더불어 다채로운 이벤트는 생략되고 기업의 신제품 발표회나 학술연구세미나 등의 형식으로 많이 이루어지는 행사이다.

만찬행사는 일반적으로 저녁 6시에서 10시까지 이루어지는 행사로, 비교적 시간적인 여유가 있고 업무를 마친 후의 행사이기 때문에 저녁식사와 함께 술, 음료와 더불어 여흥을 즐기는 데에 목적이 있는 연회행사이다.

2) 내용적인 분류

호텔연회의 분류 중 내용적인 분류는 가족행사, 약혼식 및 결혼식, 이벤트, 국제회의 등으로 나누어 볼 수 있다.

먼저 가족행사로는 돌잔치, 회갑연, 칠순연, 팔순연 등이 있다. 돌잔치는 아기가 세상에 태어난 지 1년이 되었을 때 여러 음식을 차려서 손님을 초대하여 아기에게 상을 받게 하는 문화를 말하는데, 호텔연회 상품 중 가장 빈도수가 많은 행사 중 하나라고 할 수 있다. 회갑연은 육갑의 간지가 60년 만에 돌아온다는 의미로, 당해의 생일을 맞아 잔치를 베푸는 연회이다. 이와 같은 연회로는 칠순잔치인 '칠순연'과 팔순잔치인 '팔순연' 등이 있다.

내용적인 분류의 두 번째로 '약혼식'과 '결혼식'이 있는데, 약혼식은 서로가 혼인을 약속하는 의미로 양가 부모님들과 가족들, 친인척들이 함께 모여 서로 소개하는 모임을 의미하며, 결혼식은 신랑과 신부가 서로 혼례를 올리는 행사인데, 결혼식 후에 진행되는 행사로는 폐백과 피로연 등이 있다. 폐백이란, 결혼식을 마친 신부가 신랑의 가족을 첫 대면하면서 정식으로 예를 갖추어 큰절을 올리는 것을 말한다. 피로연은 결혼식 후 이루어지는 일종의 파티로서 사회자를 대기시키고 케이크 커팅 등의 행사가 진행된다.

이벤트는 Theme Party, Dinner Show, Concert, Exhibition 등으로 나눌 수 있는데, Theme Party는 주제를 전체적인 분위기를 연출할 수 있으며, Dinner Show

는 티켓관리가 어려운데 주최를 이벤트사에서 하게 될 경우에는 호텔은 식음료만 제공하면 되지만, 호텔에서 주최를 하게 될 경우에는 기획, 좌석, 티켓관리까지 해야 되므로 여러 가지 준비를 철저하게 해야 한다. 이밖에 호텔에서 개최되는 이벤트로 콘서트와 전시회 등이 있는데, 전시회의 경우 Coffee Break 시간이 운영된다.

국제회의의 경우, 지난해 우리나라에서 개최된 G20 정상회의를 좋은 예로 들 수 있는데, 규모와 참여 인원에 따라서 다양하게 진행되며 그 형태도 매우 다양하다. 국제회의를 형태에 의해서 분류해 보면, 모든 참가자가 단체의 활동에 관한 사항을 토론하기 위해서 회합의 구성원이 되는 형태의 회의인 미팅Meeting, 일반적으로 대회의장에서 개최되는 일반단체회의인 컨벤션Convention, 주로 과학 · 기술 · 학문 분야 등의 전문 분야의 새로운 정보를 전달하고 습득하거나 특정문제를 연구하기 위한 회의인 컨퍼런스Conference, 대표자들에 의한 회합, 집회, 회담 등을 의미하는 컨그레스Congress, 발제된 특정 주제에 대해 상반된 견해를 가진 동일분야의 전문가들로 구성하여 사회자의 주도 하에 진행되는 공개토론회인 포럼Forum, 발제된 주제 및 문제에 관하여 전문가들이 연구결과를 중심으로 다수의 청중 앞에서 벌이는 공개토론인 심포지엄Symposium, 교육 및 연구 목적으로 개최되는 회의인 세미나Seminar, 회원들에게 새로운 정보와 전문지식을 전달하고 교육할 목적으로 개최되는 워크숍Workshop 등이 있다.

이처럼 다양한 회의의 형태를 미리 파악하고, 연회서비스의 품질을 높이기 위해 아주 세세한 부분까지 준비하는 것이 필요하다.

3) 장소적인 분류

호텔연회Hotel Banquet의 특성적 분류 중 장소적인 분류는, 크게 호텔연회장에서 제공되는 '연회서비스'와 호텔연회장 밖에서 진행되는 '출장연회'로 나누어 볼 수 있다. 호텔연회장에서 제공되는 연회서비스가 일반적이지만 상황에 따라서 호텔 밖으로 출장연회서비스를 제공해야할 부분도 생각해 볼 수 있다.

출장연회Catering Party의 매력은 공간만 창출되면 시간과 장소에 관계없이 매출을 창출시킬 수 있는 행사장이 되지만, 호텔 내의 모든 자재들을 현장으로 이동시키기 때문에 인력, 장비, 돌발적인 사태 등에 항상 대비하여 서비스 품질이 높은 최고의 서비스를 제공해야 한다. 이를 위해 출장을 나가는 현지를 답사하는 것을 꼭 필요한 부분이다.

04 호텔연회 상품의 종류

1) 식음료 상품

식음료 상품은 연회장의 최대 수입원으로 연회장에서도 기본적으로는 레스토랑에서 판매하는 모든 메뉴를 판매할 수 있다. 하지만 일반 레스토랑에서는 고객들이 자기 취향에 맞는 메뉴를 선택할 수 있는 것에 비해, 연회장에서는 주최자가 예약한 메뉴만 제공되는 것이 차이점이라고 할 수 있다.

식음료 상품은 조찬 메뉴, 정찬 메뉴, 뷔페 메뉴, 칵테일리셉션 메뉴, 티파티 메뉴, 커피브레이크 메뉴 등으로 나눌 수 있다. 일반적으로 연회장에서는 한조식, 일조식, 양조식, 조식뷔페 등을 제공하며, 정찬메뉴는 중식과 석식에 제공되는 메뉴로써 한식, 일식, 중식, 양식 등이 등급 및 가격별로 제공된다.

또한 연회장에서는 뷔페 메뉴도 제공하며, 만찬이 시작되기 전에 칵테일 메뉴도 제공되고, 식사를 전후해서 간단하게 티파티 메뉴도 제공하고 있다. 또한 다양한 회의가 진행되는 동안 쉬는 시간을 이용하여 간단한 커피나 티가 제공되기도 한다.

2) 대여 상품

연회장의 대여 상품은 연회장 장소를 대여하는 것과 연회에 사용되는 각종 장비를 대여하는 두 종류의 상품이 있다.

먼저, 연회장 대여상품은 다양한 규모의 연회장을 일정시간 동안 사용하게 하고 그 요금을 받는 것을 의미한다. 연회장의 대여는 연회장의 규모와 사용시간에 따라 요금이 달라지고, 식사 여부에 따라서 그 가격이 달라진다.

두 번째는, 연회에 사용되는 장비를 대여하는 상품으로 연회에 사용되는 각종 시설 및 기자재 중 마이크 등 기본적인 장비의 사용은 무료이지만, 고가의 장비나 대량의 장비, 특수 장비 등은 임대료를 받는다. 임대료를 받는 장비와 기자재의 항목 및 요금표도 미리 비치하여 주최자와의 불필요한 마찰을 줄이고 행사 목적에 적합한 기자재를 제시함으로써 연회의 성공을 도울 뿐만 아니라 연회수입을 증대시키도록 해야 한다.

연회장비의 임대는 호텔연회장에서 비치하고 임대하는 방법과, 외부 용역회사에 의뢰하여 임대하는 방법이 있다. 국제행사 시의 동시통역시설, 라이브콘서트와 패션쇼에 필요한 첨단의 조명 및 음향장비 등 특수장비들은 연회장에서 직접 보유하는 것이 경제적이지 않으므로, 전문장비 업체와 용역계약을 체결하여 업체가 준비하도록 하고, 호텔에서는 수수료만 받는 경우도 많다.(김의겸, 2010, p.54)

3) 옵션 상품

연회장의 옵션 상품으로는 꽃꽂이, 사진, DVD, 엔터테인먼트, 케이크, 아이스카빙, 배너 등을 들 수 있다. 먼저 꽃은 연회행사의 여러 종류 및 상황에 따라서 화환, 꽃다발, 부케, 코사지Corsage 등이 필요하며, 모든 연회행사에는 사진 및 동영상 촬영이 필요하다. 또한 연회행사에 따라서 사회자의 음악연주자 등

엔터테인먼트 부분이 필요하며, 케이크, 아이스카빙, 배너 등도 필요한 옵션상품이라고 할 수 있다.

05 호텔연회 조직

호텔의 연회부서 조직은 일반적으로 연회예약과 판촉 및 서비스 부분으로 분류된다. 호텔의 상황에 따라서 연회조직은 식음료부서에 포함되기도 하고 독립적으로 운영되기도 하는데, 연회 부장, 예약 지배인, 서비스 지배인, 음료 지배인, 연회판촉 지배인, 연회 어텐던트, 기물 담당, 서비스 조장 등으로 분류할 수 있으며, 각 직책에서 수행하는 직무는 다음과 같다.(김홍일, 2014, p.238 참조)

(1) 연회 부장

연회와 관련된 최고책임자로서 연회행사와 관련된 판매, 준비, 서비스에 관련된 모든 업무를 지시하고 감독한다. 연회를 진행하면서 관련부서와 원만한 유기적 관계를 유지해야 하며, 직책은 임원급에서 과장급까지 호텔에 따라 차이가 있다.

(2) 예약 지배인

고객들의 연회예약 관련 업무를 책임지며, 세일즈 특별행사를 기획한다.

(3) 서비스 지배인

예약통보서에 의해 식음료서비스를 직접 계획하고 감독한다. 행사에 관한 세부사항에 대한 책임을 진다.

(4) 음료 지배인

연회 시 음료에 관한 모든 업무에 책임을 진다.

(5) 연회판촉 지배인

연회서비스 홍보를 담당하며, 컨벤션 행사 유치 및 고객 상담, 연회메뉴 조정과 가격을 결정한다.

(6) 연회 어텐던트

연회행사 시 필요한 조명, 음향, 동시통역기 등을 담당하며, 기타 현수막, 사인류 준비, 인쇄물 취급, 아이스카빙 조형물을 설치한다. 또한 아트룸, 관상목 준비 등 연회에 필요한 모든 사항을 준비한다.

(7) 기물 담당

행사에 필요한 각종 기물장비 준비 및 보관, 관리 업무를 수행한다.

(8) 서비스 조장

지배인의 지시에 의해 연회행사를 직접 준비하고, 서비스를 담당하는 실무 책임자이다.

CHAPTER 11

호텔피트니스 및 시설관리

호텔서비스 실무 Hotel Service

01 호텔피트니스의 이해

피트니스센터Fitness Center란, 호텔의 부대시설 중 하나로 고객의 스트레스와 피로를 풀어주는 기능을 하는 곳으로, 호텔마다 약간의 차이는 있지만 일반적으로 체력단련장, 사우나, 수영장, 골프연습장 등의 시설을 갖추고 있다. 피트니스센터에서 근무하는 직원이 갖추어야 할 조건과 업무의 내용은, 다음과 같다. (안광호 외, 2012, p.285 참조)

1) 피트니스센터 근무 직원이 갖추어야 할 요건

- 고객에게 먼저 인사하며, 밝고 상냥하며 미소 띤 표정으로 경쾌하게 활동한다.
- 처음 이용하는 고객에게는 이용 안내에 대해 전반적으로 차분하고 세심하게 설명한다.
- 겸손한 태도와 올바른 자세, 명랑하고 정확한 용어와 적절한 화법으로 대화한다.
- 회원의 얼굴을 익혀 외울 수 있도록 노력해야 한다.
- 항상 회원들을 주시하며 잘 보이는 곳에 위치한다.
- 안전을 최우선으로 한다.
- 복장은 항상 단정하게 유지한다.
- 고객들이 원하는 서비스에 대해서 유형성, 반응성, 확신성, 신뢰성, 공감성 등의 서비스 품질 평가기준을 숙지하여 최고의 고객만족을 주도록 노력한다.

2) 주요 업무

- 회원 유치

- 직원 근무시간 배정
- 고객만족 극대화
- 일일, 주간, 월간 리포트 관리
- 보고시스템 체계 확립
- 회원관리 절차인 고객 상담, 회원가입서 신청, 보증금 납부, 회원카드 발급, 라커 배정, 회원 안내 등 회원관리 업무에 만전
- 예약 업무

3) 피트니스의 운영

호텔의 피트니스센터의 운영은 호텔마다 약간씩 차이가 있을 수 있지만, 일반적으로 일정금액의 보증금과 연회비를 지불하면 정식회원으로 호텔의 피트니스센터를 이용할 수 있다. 호텔의 입장에서는 피트니스의 정회원들은 다른 호텔의 업장을 이용할 수 있는 확률이 일반고객보다 높을 수 있기 때문에, 마케팅적인 측면에서도 피트니스센터의 운영은 매우 중요한 부분이라고 할 수 있다.

또 다른 관점에서 호텔의 피트니스 센터의 회원가입은 호텔과 회원 모두에게 장점이 될 수 있는데, 호텔은 피트니스센터의 회원가입으로 인해 재무적인 부분에서의 원활함도 추구할 수 있다. 피트니스센터의 회원가입으로 인해 여유자금이 증가하기 때문에 전체적인 자금운용의 원활함을 추구할 수 있지만, 무한정으로 회원을 가입시킬 수 있는 것이 아니라 피트니스센터의 면적과 시설에 따라서 관할지역으로부터 승인을 받아야 하는 승인사항이라고 할 수 있다.

호텔과 회원은 회원가입신청서 작성을 통하여 계약을 하게 되는데, 호텔은 이러한 회원계약에 앞서 고객에게 약관에 대한 자세한 설명과 더불어 질문에 대해 정확하고 자세하게 응답해 주어야 한다. 이러한 과정을 통해서 호텔과 회원을 회원가입신청서를 작성하고 회원은 호텔에게 가입비를 지급하며, 호텔은 이렇게 회원이 지급한 가입금은 호텔의 재정부서에서 회계처리를 하고 고객에

게 영수증을 발급한 후 회원번호를 부여한다.

일반적으로 특급호텔에서 운영하는 피트니스의 운영제도는 멤버십제도가 가장 일반적인 형태이며, 그 밖에 퍼블릭제도와 세미퍼블릭제도 등이 있다.(박영기 외, 2013, p.248 참조)

(1) 멤버십제도

호텔 피트니스센터의 멤버십제도는 다수가 공동으로 소유하는 방식인 공유제 방식과, 주식증권을 취득함으로써 회원권을 취득하는 주식회원제, 입회금이나 예탁금을 지불함으로써 회원권을 취득하는 예탁금제 등이 있다.

공유제 방식은 피트니스센터의 시설을 회원이 공유하는 방식이며, 아래와 같은 특징을 가지고 있다.

- 회원이 호텔에 대한 신뢰가 높다.
- 안정적으로 재산보존을 할 수 있다.
- 매출에 따른 수익의 파악이 용이하다.
- 재산증식의 가치가 있다.
- 회원권 판매가 용이하다.
- 법적 규제가 약하여 운영하기에 용이하다.
- 영업정책 수행의 어려움이 있다.

한편, 예탁금제 방식은 입회금과 예탁금을 지불함으로써 피트니스센터의 시설을 이용할 수 있는 방식을 의미하며, 이용권 판매방식이라고도 한다. 그 특징은 다음과 같다.

- 호텔의 자산이 증가한다.
- 회원가입에 자격제한을 둘 수 있다.

- 공유제 방식보다 회원권 가격이 저렴하다.
- 영업정책 변화에 커다란 제약이 없다.
- 법적 규제가 약하여 운영이 용이하다.
- 여유자금이 필요하다.

(2) 퍼블릭제도

퍼블릭제도는 이용자격에 제한을 두지 않으며, 누구나 일정금액을 지불하면 자유롭게 이용할 수 있는 제도인데, 일반적으로 투숙객에 한해서는 특별한 제한을 두지 않고 자유롭게 이용할 수 있다.

(3) 세미퍼블릭제도

세미퍼블릭제도는 예탁금이나 입회비를 지불한 회원들과, 요금을 지불하고 입장하는 일반 이용객들이 공용으로 이용하는 형태의 제도이다.

02 호텔시설 관리

호텔은 산업의 특성상 초기 투자비용이 많이 투입되는 산업이기 때문에, 시장진입장벽Market Entry Barriers이 매우 높은 산업이다. 이렇게 많은 초기 투자비용이 투입되어 호텔이 개관하게 된 후에도 지속적으로 호텔의 시설을 관리해주는 것이 매우 중요한 부분인데, 이를 통하여 호텔을 이용하는 고객들은 서비스 품질 평가기준의 가장 중요한 기준 중 하나인 유형성Tangibility을 통해서 만족도가 극대화 된다고 할 수 있다.

이렇게 호텔을 운영하는데 있어서 객실과 식음료업장도 중요하지만, 시설관리도 매우 중요한 부분이라고 할 수 있다. 그러므로 호텔의 시설관리를 책임지는 책임자는 고객과 경영부서와 관련된 업무 및 타 부서의 업무를 지원하기 위해 다양한 업무를 수행해야 한다.

이러한 환경에서 호텔의 시설관리 책임자가 수행하는 업무에서 중요도에 관한 우선순위 및 소요시간과 관련된 순서는 다음과 같다.(박대환, 2012, p.13 참조)

표 11.1 시설관리 부서 책임자의 업무 소요시간 순위

순 위	의 무
1	장비들의 관리 유지 상태를 인지함
2	리더십 책임감
3	직원들과의 의사소통 책임감
4	효율적인 조직 생활능력 책임감
5	객실관리 부서와의 관계
6	안전에 대한 책임감
7	최고경영진과의 관계
8	에너지 보존
9	장비 종류별 지식
10	동기부여의 책임감
11	에너지 경영
12	컴퓨터를 사용한 에너지 비용관리
13	시설에너지 요구사항에 관한 지식
14	에너지 비용
15	장비사용 지식 교육
16	부서 내 컴퓨터 사용
17	식음료부서와의 관계
18	예산편성 및 집행
19	효율적인 업무기록
20	지속적인 인사부서 관련 교육

표 11.2 시설관리 부서 책임자의 업무 중요도에 대한 순위

순 위	의 무
1	장비들의 관리 유지 상태를 인지함
2	에너지 보존관리
3	에너지 경영관리
4	직원들과의 의사소통 책임감
5	최고경영진과의 관계
6	리더십 책임감
7	안전에 대한 책임감
8	효율적인 조직생활 능력 책임감
9	에너지 비용관리
10	장비 종류별 지식 습득
11	컴퓨터를 사용한 에너지 출력관리
12	예산관리
13	장비사용 지식교육
14	객실관리부서와의 관계
15	효율적인 기록관리
16	시설에너지 요구사항에 관한 지식 습득
17	동기부여에 대한 책임감
18	부서 내 컴퓨터 사용
19	지속적인 인력관련 교육
20	예방차원의 시설제어관리 컴퓨터 사용

1) 시설관리 부서와 호텔 내 다른 부서의 커뮤니케이션

이렇게 호텔의 시설관리나 시설관리부서는 객실, 식음료와는 다르게 상대적으로 전면에서 잘 나타나지는 않지만, 호텔의 운영에 있어서 꼭 필요한 부서라고 할 수 있다.

호텔의 시설관리 부서와 다른 부서와의 꼭 필요한 커뮤니케이션 부분과 협력관계는 다음과 같다.(박대환, 2012, p.15 참조)

(1) 객실관리부서와의 협력관계

객실관리부서는 호텔 내의 건물과 시설물을 관리하는 업무를 수행하는데, 이러한 건물이나 시설물에 문제가 발생하게 되면 시설관리부서의 도움을 요청하여 고장수리를 하게 된다.

(2) 식음료부서와의 협력관계

식음료부서는 각 영업장과 연회장에 비치된 다양한 가구와 장비들을 원활하게 관리할 수 있도록 지원하게 되며, 국제회의와 대규모 행사 등이 있을 때는 동시통역 장비, 조명, 음향 장비 등을 원활히 운영할 수 있도록 전문인력을 투입하여 행사진행을 돕게 된다.

(3) 조리부서와의 협력관계

조리부서는 고객에게 제공하는 음식을 생산하는 장소이며, 고객이 주문한 식음료를 준비하기 위하여 가스 및 전기 등을 원활하게 공급받아야 한다.

(4) 세탁실과의 협력관계

호텔이 운영하는 세탁실은 고객세탁뿐만 아니라 호텔의 객실, 식음료, 부대업장에 다양한 리넨을 생산하여 공급하는 곳이다.

2) 시설의 개 · 보수 및 유지관리

호텔은 유형성이 중요한 산업이기 때문에 호텔의 건물이나 시설물에 대한 개 · 보수 및 유지관리가 매우 중요한 부분이라고 할 수 있다.

일반적으로, 호텔은 다음과 같은 경우에 개 · 보수가 이루어지는데, 시장경쟁력을 지속적으로 유지하기 위한 이유, 시장경쟁력을 개선하기 위한 이유, 호텔 시설물을 확장하기 위한 투자, 호텔 시설물의 안전을 유지하고 개선하기 위한 이유 등으로 개·보수가 이루어진다.

유지관리적인 측면에서는 먼저 객실의 유지관리를 살펴보면, 객실의 침대 및 각종 가구, 비품류의 유지와 관리가 매우 중요한 부분이다. 현관서비스를 제공하는 로비의 유지관리도 매우 중요한 부분인데, 특히 로비는 고객이 처음으로 호텔에 대한 평가가 이루어지는 장소이기 때문에 호텔로비 지역의 대리석이나 카펫 등과 관련된 유지관리가 중요하다고 할 수 있다.

한편, 식음료 부서의 유지관리와 관련하여 식음료 업장에서 고려할 시설과 설비는 다음과 같다.

- 직원이 편안하게 준비하고 서비스할 수 있도록 한다.
- 식음료 재료를 편하게 공급받을 수 있도록 한다.
- 공간 이용을 극대화 할 수 있도록 한다.
- 항상 청결이 유지될 수 있도록 한다.
- 원가관리를 효율적으로 할 수 있도록 한다.
- 고객에게 인테리어에 관한 최대한의 만족도를 제공할 수 있도록 한다.
- 에너지 비용을 효율적으로 활용해야 한다.
- 고객과 직원의 동선의 효율성을 고려해야 한다.

CHAPTER 12

호텔서비스 매너

호텔서비스 실무 Hotel Service

서비스와 관련된 직무를 수행하는 서비스 제공자Service Provider들은 에티켓과 매너가 중요한 부분이라고 할 수 있다. 두 단어의 어원을 살펴보면, 먼저, 에티켓Etiquette은 영어에서 예절, 동업자 간의 불문율이란 의미이며, 그 유래는 프랑스 베르사이유 궁전의 입장권에서 유래되었는데, 그 입장권에는 궁전 내에서 유의해야 할 예의가 수록되었다고 하여 그 입장권Ticket에서 'Etiquette'이란 용어가 유래하였다고 한다.

Manner의 어원은 'manuarius'라는 라틴어에서 유래하였는데, Manu(손을 의미)와 Arius(방식이나 방법을 의미) 단어의 복합어이다. 다른 부분에서도 에티켓과 매너는 중요한 부분이라고 할 수 있지만, 특히, 서비스 제공자에게 서비스 매너는 가장 중요한 부분이라고 할 수 있다. 이를 통해서 고객에게 존경을 표하며, 이러한 커뮤니케이션을 통하여 고객들은 본인이 품질 높은 서비스를 제공받는 느낌을 받을 수 있기 때문에, 이를 통하여 존중받는다는 감정을 느낄 수 있다.

에티켓과 매너의 차이점은, 에티켓은 '사람이 기본적으로 취해야 할 행동Action과 형식Form'이며, 매너는 '사람이 지켜야 할 태도Attitude와 방식Way'이다. 즉 인사를 한다는 행위는 에티켓이며, 그 인사를 공손하게 하느냐 그렇지 않느냐 하는 것은 매너에 속한다고 할 수 있다.(고상동 외, 2011, p.116)

01 호텔글로벌 서비스 매너

1) 테이블 매너

테이블 매너란, 식사 중에 기본적으로 지켜야 할 예절을 의미하며 상대방을 위한 배려와 존중이 중요한 부분이라고 할 수 있다.

(1) 한식 테이블 매너

한식 테이블 매너는 식탁 배치에 있어서 출입문에서 멀리 떨어진 안쪽이 상석이므로 윗사람이 안도록 하며, 테이블에서는 바른 자세로 앉고 손윗사람이 수저를 든 후에 아랫사람이 따라서 들도록 한다. 식사 중에는 소리를 내지 않으며 숟가락과 젓가락을 한 손으로 쥐지 않는다. 입 속에는 적당한 양의 음식을 넣어 씹을 수 있도록 하며, 입에 음식이 있을 때에는 말하는 것을 하지 않는 것이 좋은 테이블 매너라고 할 수 있다. 또한 국물이 있는 음식을 먹을 때에는 소리를 내지 않고 떠서 먹도록 하며, 밥이나 반찬을 뒤적이며 먹는 것은 좋지 않고, 젓가락으로 고명을 털면서 먹지 않도록 한다.

식사를 마친 후에는 수저를 가지런히 오른편에 놓으며, 식사 중에 아주 다급한 일이 아니면 자리를 뜨지 않는 것이 테이블 매너라고 할 수 있다.

(2) 일식 테이블 매너

일식의 테이블 매너는 다도의 영향을 많이 받아, 요리가 들어오면 말차를 마실 때처럼 인사를 하고 받는다. 일본요리에서는 식사 전과 식사 후에 인사를 반드시 하는데, 고개를 숙여 인사를 하는 것이 기본이라고 할 수 있다.

일식의 테이블 매너는 식사 시 뚜껑이 있는 그릇은 식사 전에 전부 열어서 낸다. 왼쪽에 있는 그릇은 왼손으로 열어서 왼쪽에 놓고, 오른쪽에 있는 것은 오른쪽에 내려놓는다.

공기뚜껑은 포개어 놓지 않으며 음식을 다 먹은 뒤엔 모두 원래대로 덮어둔다. 젓가락은 나무로 만들어진 것이 사용되고 있으며, 우리나라와 마찬가지로 손에 쥐는 쪽이 아래쪽보다 굵어서 사용하기가 쉽다. 가정에서는 대개 검정색은 아버지용, 빨간색은 어머니용 등으로 개인 젓가락을 정해두고 사용하고 있다. 일반적으로 손님을 대접할 때는 일회용 나무젓가락을 사용한다.

또한 식사 중에 젓가락을 잠시 내려놓을 경우, 젓가락 받침대가 있으면 젓가락 아래쪽 부분을 그 받침대에 올려놓으며, 음식을 먹을 때에는 접시를 자기 가까이 가져가서 나누어 덜어 먹는다. 음식이 큰 접시에 담겨져 있을 때에는 각 개인접시로 덜어내는데, 사용하는 전용 젓가락을 사용하고, 전용 젓가락이 없을 경우에는 개인 젓가락의 방향을 거꾸로 바꿔 사용한다. 그 이유는 자기 입에 닿았던 부분을 공동음식에 대는 것은 다른 사람에게 불쾌감을 준다고 생각하기 때문이다.

(3) 중식 테이블 매너

중식당에는 회전탁자가 놓여져 있는데, 서빙 하는 사람이 요리가 담긴 큰 접시를 회전판 위에 얹어 놓으면 호스트는 공동젓가락으로 자기가 먹을 만큼 덜어낸 뒤 다른 사람 앞으로 접시가 가도록 놓는다.

회전탁자는 시계방향으로 돌리는 것이 원칙이며, 자기 앞에 접시가 오면 앞접시에 적당한 양을 덜어 놓고 한 번씩 덜어낸 다음에도 남아 있는 요리는 몇 번이고 가져와도 예의에 어긋나지 않는다.

중식의 테이블 매너는 식사하기 전 매너, 식사 중 매너, 식사 후 매너로 구분할 수 있다. 식사 전 매너는 중식은 대부분 코스 메뉴이므로 일반적으로 직원의 서빙 여부를 확인하고 가능한 메뉴를 주문한다. 그리고 원탁 테이블의 경우는 입구에서 가장 안쪽의 중앙이 상석이다. 또한 좌석에 앉으면 냅킨을 두 겹으로 펴서 무릎 위에 놓고 뜨거운 물수건이 나오면 손을 씻는다.

중식의 테이블 매너 중 식사 중의 예절은 다음과 같다.

먼저, 식사 중 젓가락을 사용하지 않을 때에는 접시 끝에 걸쳐놓고, 식사가 끝나면 받침대에 처음과 같이 올려놓으며, 국물이 있는 음식은 마시지 말고 숟가락으로 떠먹는다. 앞 접시의 음식을 다 먹고 큰 접시의 음식을 덜어올 때는 옆 사람 앞에 놓인 앞 접시에 먼저 음식을 덜어주고, 음식이 남아 있을 경우에도 형식적으로 조금만 덜어준다.

중국음식은 요리접시를 중심으로 둘러 앉아 덜어먹는 음식이므로, 적당한 양의 음식을 자기 앞에 덜어먹고, 새로운 요리가 나올 때마다 새로운 접시를 사용하도록 한다.

중식 테이블 매너의 식사 중 매너로, 다른 부분은 음식은 주빈이 먹기 시작하면 먹도록 하며, 고기 종류나 생선이 전체적으로 나올 경우에는 대부분 접대하는 사람이 나누어 주기 때문에 기다리는 것이 좋고, 아니면 주빈이 먼저 덜어간 다음에 던다.

중식의 식사 후 테이블 매너를 살펴보면, 중식당에서는 녹차, 우롱차, 홍차 등의 차가 제공되는데, 한 가지 음식을 먹은 후에는 한 모금의 차로 남아 있는 음식의 맛과 향을 제거하고 새로 나온 음식을 먹으면 된다. 또한 이전부터 중국은 식사에 관해서도 엄격한 격식이 있어서, 좌석을 정할 때의 명단은 연장자 순서에 의하며, 초청을 하였을 때에는 초청자 측에서 미리 각 개인의 명단을 식탁에 배치하고, 좌석 배치는 주인과 주빈이 마주보도록 배치한다.

(4) 양식 테이블의 기본 매너

양식 테이블의 기본 매너 중 레스토랑 이용 매너, 레스토랑 이용 매너, 식사 매너, 빵 먹는 매너, 와인 매너, 디저트 매너 등과 관련된 주요한 사항은 다음과 같다.(고상동 외, 2011, p.88 참조)

① 레스토랑 이용 매너

- 시간은 사전예약을 하여야 하며, 시간관념을 가지고 이용하여야 한다.
- 고급식당은 정장을 하고 이용하여야 한다.
- 식당에서는 안내원의 좌석안내를 받아야 한다.
- 웨이터가 맨 먼저 빼주는 의자가 최상석이다.
- 남자는 여자가 자리에 앉은 다음에 앉은 것이 예의이다.
- 여성의 핸드백은 등과 의자 사이에 놓아둔다.
- 메뉴는 천천히 여유를 가지고 본다.

- 떨어진 냅킨이나 포크, 나이프는 줍지 말고, 직원이 다른 것을 가지고 올 때까지 기다린다.
- 직원을 부르고 싶을 때는, 가만히 자리에 앉은 채로 손을 든다.
- 식사를 할 때는 조용히 옆 사람과 대화를 하면서 먹는다.

② 냅킨 이용 매너

- 주빈이 있을 때에는 주빈이 냅킨에 손을 대고 나면 편다.
- 일반적인 자리에서는 음식을 주문한 후에 편다.
- 접은 선을 앞으로 하고 무릎 위에 놓는다.
- 식사가 끝나고 레스토랑을 떠날 때에는, 가볍게 접어서 테이블 위에 올려 놓으면 된다.
- 여성이 냅킨을 떨어뜨렸을 때에는 남성이나 서비스맨이 주워주며, 새 것으로 바꾸어 오도록 주문한다.

③ 식사 매너

- 식사 시에 얼굴이나 머리를 만지거나 다리를 포개고 앉으면 안 된다.
- 식탁에 놓여 있는 나이프와 포크는 바깥쪽에서 안쪽으로 순서대로 사용한다.
- 포크는 왼쪽 손에서 오른쪽 손으로 옮겨 잡아도 괜찮다.
- 손에 쥔 나이프와 포크를 세워서는 안 된다.
- 식사가 끝난 뒤에는 나이프와 포크를 접시 오른쪽 아래로 비스듬하게 나란히 놓는다.
- 냅킨을 수건으로 사용해서는 안 된다.
- 식기는 식사 후 직원이 치우도록 한다.
- 입에 넣은 음식은 특별한 경우를 제외하고는 그대로 먹는다.

④ 빵 먹는 매너

- 아침에 먹는 토스틀 제외하고는 입으로 베어 먹지 않고 손으로 떼어 먹는다.
- 먹기 좋은 분량만큼 손으로 떼어내어 버터나이프를 이용하여 버터를 바른 후 손으로 먹는다.
- 빵은 왼쪽에 있는 것이 자기 것이다.
- 빵을 커피 등에 담가먹지 않는다.

⑤ 식사 중에 마시는 와인 매너

- 와인을 선택할 때에는 생산지, 포도의 수확년도, 양조자의 이름, 요리와의 조화성 등을 고려하여 선택한다.
- 와인의 테이스팅은 초청한 사람 또는 남성이 한다.
- 오래된 레드와인의 운반 시는 침전물이 이동하지 않도록 조심스럽게 운반한다.
- 샴페인은 어떤 요리와도 비교적 어울리기 때문에, 식사 중 언제 마셔도 괜찮지만, 한두 잔 정도가 바람직하다.

⑥ 디저트 매너

- 식후에는 마른 과자를 먹지 않는다.
- 수분이 많은 과일은 스푼으로 먹는다.
- 커핏잔은 손가락을 끼우지 않고 손잡이를 잡는다.
- 남성은 여성보다 식사를 먼저 끝내지 않는다.

(5) 양식 테이블의 상황별 매너

① 식사 중 자리를 뜰 때

일단 자리에 앉은 다음에는 자주 들락거리지 않으며, 부득이하게 자리를 뜰 때에는 '잠깐 실례한다'는 인사를 하고, 냅킨은 적당히 접어놓고 가거나 테이블 위에 얹어 놓는다.

② 조미료를 사용할 때

음식에 소금, 후추를 무조건 뿌리는 것은 조리사에 대한 예의가 아니다. 특히 가정집에 초대받았을 때에는 되도록 나온 그대로의 음식을 맛있게 먹으며, 조미료가 필요한데 손이 잘 닿지 않는다면 옆 사람에게 부탁해서 전달받는다.

③ 기침, 재채기, 하품

기침이나 재채기가 나올 때에는 손수건으로 입과 코를 가린다. 손수건이 없으면 급한 대로 냅킨이나 손을 사용한다. 기침이 계속 나오면 실례한다는 말로 양해를 구하고 자리를 뜬다. 코를 풀고 싶을 때에도 테이블에서 나오는 것이 좋으며, 가볍게 코를 닦을 때에는 손수건이나 휴지를 사용하고, 냅킨을 사용해서는 안 되며 닦을 때에도 마찬가지이다.

④ 음식이나 음료를 사양할 때

술이나 주스 등을 마시고 싶지 않을 때에는 사양한 후 감사한다는 인사를 덧붙이며, 음식을 남기는 것은 좋은 매너가 아니므로 먹지 못할 음료나 음식은 주문하지 말거나 미리 거절하도록 한다.

⑤ 뜨거운 음식을 먹었을 때

음식이 너무 뜨거우면 즉시 찬 음료를 마시며, 마실 것이 가까이 없을 때는 종이 냅킨에 뱉어서 그릇 한 쪽에 놓아두도록 한다.

⑥ 이물질을 먹었을 때

음식에 돌, 머리카락 등이 들어있을 때는 서빙 하는 사람을 불러 잘못을 지적하고 음식의 교체를 요구할 수 있다. 가정집에 초대받은 상황이라면, 남의 눈에 띄지 않게 빨리 제거한 후 식사를 계속한다. 이미 입 안에 들어간 상태라도 되도록 조용히 뱉어서 처리한다.

⑦ 음식이 이 사이에 끼었을 때

손님과 마주 앉은 상태에서는 이쑤시개를 사용하지 않아야 하며, 식사를 마친 후 조용한 곳에서 사용하도록 한다.

2) 글로벌 서비스 매너 및 금기사항

(1) 비즈니스 매너 및 금기사항

① 중국의 비즈니스 매너

- 박쥐는 행운을 전해주는 동물로 여기며, 학이나 거북 등은 사람을 바보로 취급하는 말로 여긴다.
- 중국인들은 자기가 사용하던 젓가락으로 음식을 집어주는 습관이 있다.
- 괘종시계는 장례식의 의미가 있으므로, 선물하지 않는다.
- 작은 일에도 박수를 잘 친다.
- 사업하는 사람 사이에는 개인적인 우정과 신용을 매우 중요하게 생각한다.

② 금기사항

- 중국문화에서 청색과 백색은 장례식 색깔이므로, 사용하지 않는 것이 좋다. 짚신과 시계, 흰색인 황새와 두루미, 검은색, 파란색이 많이 들어간 것을 죽음을 의미한다.
- 괘종시계처럼 종이 달린 시계는 끝낸다는 의미로 죽음의 의미가 있으므로, 선물하지 않는다.
- 배도 이별의 의미가 있어서, 중국에서는 선물하지 않는다.
- 우리에게 장수라는 긍정적인 의미를 갖는 거북이는, 발음이 욕설과 비슷해

서 선물하지 않는다.

- 우산은 이별이라는 말과 발음이 비슷하여 선물하지 않는다.
- 꽃은 생명이 짧음을 의미하며 장례용이기 때문에 선물하지 않는다.
- 손수건은 슬픔과 눈물을 상징하므로, 선물하지 않는다.
- 현금을 줄 때는 축의금과 선물은 짝수로, 부의금은 홀수로 금액을 주어야 한다.
- 저녁식사나 파티에 초대를 받은 경우는, 먹을 것을 선물로 가져가지 않는다.

(2) 일본의 비즈니스 매너 및 금기사항

① 일본의 비즈니스 매너

- 일본의 비즈니스 매너는 예의바르고 친절하며, 질서를 잘 지키고 단결력이 강한 민족으로 복수를 중시하며 배타적인 면이 강하다.
- 나이, 직위, 상황 등에 따라 경어를 사용하는 것이 일반화되어 있고 철저하다.
- 남의 아이에게는 항상 경어를 사용한다.
- 명함은 아랫사람과 방문자가 먼저 건네야 한다.
- 여러 사람과 명함을 교환할 때는 직급순서에 따라 행한다.
- 명함을 건넬 때는 회사와 자기 이름을 밝히며 인사를 덧붙인다.
- 명함을 받을 때에는 공손히 받으며, 명함을 주의 깊게 보면서 이름을 다시 확인한다.
- 다른 회사를 방문할 때에는 사전약속을 통해 일시, 방문자, 용건 등을 정한다.
- 약속시간을 엄수하며, 늦을 경우에는 상대방의 상황과 맞추어서 사후처리를 한다.
- 방문 시에는 자신의 신분과 찾아온 용건을 말하고, 첫 대면일 경우에는 명함을 교환한다.

② 금기사항

- 선물은 짝으로 된 세트를 주는 것이 좋으나, 4개는 불행을 가져온다고 믿으므로 선물하지 않는다.
- 제2차 세계대전에 관한 화제는 피하는 것이 좋다.
- 자기 젓가락을 사용하여 상대방에게 음식을 집어주지 않는다.
- 등 뒤에서는 손뼉을 치지 않는다.
- 젓가락을 입으로 빨지 않는다.
- 밥상을 가로질러 건너편에 있는 것을 먹지 않는다.
- 한 번 음식을 집었다가 다시 내려놓지 않는다.
- 젓가락을 들고 망설이지 않는다.
- 상반신을 앞으로 숙여가며 먹지 않는다.
- 음식을 푹 찔러가며 먹지 않는다.
- 입 안에 음식이 있을 때는 다른 음식을 먹지 않는다.
- 위에 있는 것을 치우고 밑에 있는 것을 먹지 않는다.
- 그릇과 젓가락을 함께 들지 않는다.
- 입 주위를 혀로 핥으면서 먹지 않는다.
- 약속을 중시하며, 약속을 지키지 않는 것은 명예를 훼손하는 것이다.
- 질서를 지키지 않으면 비난의 대상이 된다.
- 개인의 신상에 관한 질문은 예의가 아니다.
- 칼은 관계의 단절을 의미하기 때문에, 선물하지 않는다.
- 흰색은 죽음을 의미하는 것으로 인식하며, 반짝이는 포장지나 리본은 사용하지 않는다.

(3) 인도의 서비스 매너

- 신분제도가 남아 있고, 혼인여부는 부모가 결정한다.
- 신분이 낮은 사람에게는 이름을 불러야 하며, 존칭어를 사용하면 같은 부

류의 사람으로 생각한다.

- 카스트제도, 파키스탄과의 관계, 채식주의 등은 화제로 삼지 않는다.
- 장례식에 사용하는 재스민이나 소를 이용한 선물은 하지 않는다.
- 여성은 전통의상인 사리를 입어야 한다.
- 외모로 사람을 판단하는 관습이 있어서 복장에 신경을 써야 한다.
- 남자와 인사할 때는 악수를, 여자에게는 합장을 하면서 허리를 숙인다.
- 여성과 단둘이 대화를 나누거나 건드리는 행동은 피해야 한다.
- 힌두교도는 소고기를 먹지 않으며 신성시한다.
- 음식을 전할 때는 오른손을 쓴다.
- 회교도에게는 술이 절대 금물이며, 라마단의 기간 중 금식 규칙을 철저히 지킨다.
- 손을 이용하여 음식을 먹을 때에는 반드시 오른손을 사용하는데, 왼손은 화장실에서만 사용한다.
- 명함이나 선물을 전달할 때와 악수를 할 때는 오른손을 사용한다.

(4) 영국의 서비스 매너

- 왕실을 조롱하는 언동을 하면 안 된다.
- 길에서 침을 뱉으면 안 된다.
- 줄서서 기다리는 것에 익숙해져야 한다.
- 코를 푸는 것은 예의에 벗어나는 것이 아니다.
- 사다리 밑으로 지나가거나 방 안에서 우산을 펴는 것은 좋지 않은 징조라고 느낀다.
- 길을 걷다가 지나가는 검은 고양이를 보면 행운의 상징이라고 생각한다.
- 음주를 절제해야 하며 공식석상에서 돈과 관련된 얘기를 하면 신사적이지 않다고 생각한다.
- 소리 내어 웃는 것은 신사가 아니라고 생각한다.

(5) 미국의 서비스 매너

- 여성을 배려하는 것이 생활화되어 있기 때문에, 모든 공공장소에서 여성들을 배려한다.
- 자동차에서 내리거나 탈 때, 여성을 배려해서 여성이 짐을 들지 않도록 해야 한다.
- 소수민족, 종교 등은 대화의 화제로 삼지 않는다.
- 신발은 옷의 연장으로 생각하기 때문에 신발을 벗지 않는다.
- 일반적으로 약속이나 예약은 일주일 전에 하는 것이 좋다.
- 비즈니스 미팅 시에는 정장을 입는 것이 좋다.
- 줄서기가 생활화되어 있기 때문에, 절대적으로 차례를 지켜야 한다.
- 선물은 받은 즉시 풀어보아야 한다.
- 남성이 실내에서 모자를 쓰는 것은 예의에 어긋난다.
- 일반적으로 점심식사는 간단히 하고, 저녁식사는 풍성하게 한다.
- 식사 도중 식사만 하는 것보다 대화를 나누면서 식사를 하는 것이 좋다.

3) 인사매너

인사는 사람과 사람 사이의 커뮤니케이션에 있어서 가장 기본이 되면서 중요한 요소이며, 인사에 관한 일반적인 정의와 중요성에 관한 설명은 다음과 같다.(고상동 외, 2011, p.125)

(1) 사전적 의미

- 상대방의 안부를 묻거나 공경의 뜻을 표하기 위하여 예를 갖추거나 표현하는 일이다.
- 서로 알지 못하던 사람끼리 성명을 통하여 자기를 소개하는 일이다.
- 인간관계에서 지켜야할 예의 있는 언행 또는 그 일이다.

(2) 인사의 중요성

- 인사는 도덕과 윤리형성의 기본이며, 모든 예절의 기본이 되는 표현이다.
- 인사는 마음의 문을 여는 열쇠이다.
- 인사는 자신의 인격을 표현하는 최초의 행동이다.
- 인사는 서비스의 기본이자 척도이다.
- 인사는 개인적 소양을 나타내는 자기표현이다.
- 상대방에게 예절의 시작이며 기본이다.
- 상사에 대한 존경심과 동료 및 하급자에 대한 애정의 외적 표현이다.

(3) 인사의 3가지 요소

- 표정
- 말씨
- 태도

(4) 인사법

올바른 인사법에 대한 설명은 다음과 같다.

- 인사는 내가 먼저
- 표정은 밝게
- 상대방의 시선을 바라보며
- 밝은 목소리의 인사말
- 허리를 굽혀서
- 인사를 잘 받는 것은 또 한 번의 인사

우리가 관광한국 미소 국가대표

사례 8 "미소는 상대방이 자연스럽게 다가올 수 있는 열쇠 역할을 해요." 한국철도공사 원주관리역장 홍영신 씨의 얘기다. 그에게 또 다른 직함이 있다. 미소 국가대표다. 그는 "우리나라에서 미소가 제일 아름다운 역장이라네요."라며 환하게 웃었다.

2016~2018 '한국방문의 해'를 앞두고 재단법인 한국방문위원회(위원장 박삼구)가 최근 관광산업 종사자를 대상으로 10기 미소 국가대표를 선발했다. 전국 지자체와 유관기관이 추천한 이들로, 다시 찾고 싶은 한국의 이미지를 전파하는 역할을 맡는다. 출입국과 세관은 물론 관광안내, 교통, 쇼핑, 숙박 등 외국인과 접촉이 많은 분야들을 총망라했다.

2010년 1기를 시작으로, 현재 전국의 미소 국가대표는 190명이 넘는다. 선후배 미소 국가대표들이 얼마 전 서울 광화문 인근에 모였다. 철학과 노하우를 나누기 위한 자리였다. 이들은 미소를 안심, 친근감, 따뜻함, 그리고 상대방에 대한 배려라고 정의했다.

자료 | 중앙일보, 2015.12.15

02 호텔이미지메이킹

이미지컨설턴트인 이종선은 다음과 같이 5스타Star의 PI를 만들고, 이것을 본인이 근무하는 기업체의 브랜드와 연결시킬 것을 강조하고 있는데, PI는 Personal Image의 줄임말이다.(김혜영 외, 2014, p.253 참조) 또한 이미지메이킹Image Making이란, 말 그대로 이미지 만들기로서 개인이 내적으로 가지고 있는 성격을 밖으로 표출하는 행위라고 할 수 있다.

용모Appearance는 외적인 것으로, 내적인 특성인 개성Personality과 구분된다고 할 수 있으며, 업종이나 업장에 따라서 약간의 차이가 있을 수 있지만, 일반적으로 아래와 같은 원칙으로 요약할 수 있다.

- 자신의 개성을 나타내는 것은 좋으나, 보편타당성이 있도록 한다.
- 항상 단정하고 청결을 유지한다.
- 업무에 효율적인 용모와 복장이 되도록 한다.
- 자신의 인격 및 회사의 이미지를 고려한다.
- 지나친 화려함이나 유행은 지양한다.

표 12.1 남직원의 용모복장 체크리스트

구 분	체크리스트
머 리	• 눈을 가리지 않는가. • 잠을 잔 흔적을 없는가. • 냄새는 나지 않는가.
얼 굴	• 전체적은 용모단정한가.
복 장	• 색상과 무늬는 적당한가. • 다림질은 잘되어 있는가. • 길이의 적당함과 단추는 적당한가.

1) 인사

고객 유형	목 례	보통례	정중례
속도	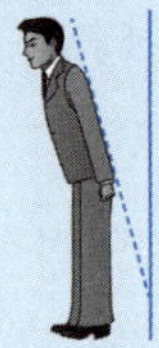		
	• 하나 : 구부림 • 둘 : 폄	• 하나, 둘 : 구부림 • 셋 : 멈춤 • 넷 : 폄	• 하나, 둘 : 구부림 • 셋 : 멈춤 • 넷, 다섯 : 폄
각도	15도	30도	45도
시선	발 5~6m 전방	발 1.5~2m 전방	발 1m 전방
양손 위치	• 남 : 왼손을 오른손에 얹어 아랫배에 가볍게 대거나 차렷 자세에서 주먹을 가볍게 쥐고 바지의 재봉선에 갖다 댄다. • 여 : 오른손에 왼손을 얹어 아랫배에 가볍게 갖다 댄다.		
발	• 뒤꿈치를 붙이고 양 발의 각도를 남성은 30도, 여성은 15도 정도로 벌린다.		
표정	• 상대방의 눈과 마주치며 상냥하게 반가운 표정으로 미소를 띤다.		
등, 허리, 머리	• 엉덩이, 허리에서 등, 머리까지 일직선을 유지한다. 머리만 숙이거나 새우등처럼 굽지 않도록 한다.		
인사말	• "솔" 톤으로 TPO에 맞는 접객어를 말하며, 인사말 끝을 살짝 올린다.		
다리	• 곧게 펴고 무릎을 붙인다.		

(1) 용모 및 복장

- 상의는 너무 화려하지 않은가?
- 일어설 때 상의 단추를 잠그는가?
- 주머니가 불룩할 정도로 상의가 많이 넣어져 있지 않은가?
- 바지는 다림질되어 있고 무릎이 나와 있지 않은가?
- 벨트가 너무 꽉 조여 있지 않은가?
- 손은 더럽지 않은가?
- 손톱이 길지 않은가?

- 양말은 냄새 나지 않은가?
- 양말은 신고 있는가?
- 구두는 잘 닦여 있는가?
- 구두 굽이 닳아져 있는가?
- 가방의 형태가 망가져 있지 않은가?
- 지갑은 깨끗이 손질이 되어 있지 않은가?
- 명함은 명함지갑에 넣고 매수는 적당한가?
- 머리는 청결하고 손질이 되어 있는가?
- 머리는 일하기 쉬운 머리형인가?
- 앞머리가 눈을 가리지 않는가?
- 머리는 유니폼에 잘 어울리는가?
- 머리 액세서리가 너무 눈에 띄지 않는가?
- 화장은 청결하고 건강한 느낌을 주고 있는가?
- 화장 피부처리 및 부분화장이 흐트러지지는 않았나?
- 립스틱 색깔은 적절한가?
- 복장은 구겨지지 않았는가?
- 유니폼에 얼룩은 없는가?
- 유니폼은 깨끗이 잘 다림질되어 있는가?
- 유니폼 스커트의 단 처리는 깔끔한가?
- 어깨에 비듬이나 머리카락이 붙어 있지는 않은가?
- 통근 시에 복장은 단정한가?

(2) 미소

웃음은 참으로 많은 것을 가져다준다고 할 수 있는데, 행복해지고 긍정적인 사고와 창의력이 높아진다.

표 12.2 미소 테스트

요 소	내 용
1	당신은 자신의 웃는 얼굴에 자신이 있습니까?
2	당신의 웃는 얼굴에 대하여 남의 칭찬을 받은 적이 있습니까?
3	당신의 눈 표정을 다양하게 연출할 수 있습니까?
4	눈웃음을 연출할 수 있습니까?
5	시선을 마주하며 웃는 것이 쑥스럽게 느껴지지 않습니까?
6	웃을 때 손으로 입을 가리지 않습니까?
7	당신의 치아 모양에 자신이 있습니까?
8	웃을 때 입 꼬리가 위를 향하고 있습니까?
9	목젖이 보일 정도로 크게 웃는 일이 자주 있습니까?
10	자신의 웃는 얼굴을 더 밝게 바꾸고 싶은 생각이 있습니까?
총 점	• 7점 이상 : 살인 미소입니다. 모두가 당신의 미소에 행복해집니다. • 4~6점 이상 : 당신의 미소는 아름다워요. 조금 더 보여주세요. • 1~3점 : 누군가 당신을 보면 얼굴을 찡그리고 있군요. 웃어볼까요?

2) 전화 매너

호텔서비스의 특성상 고객들 혹은 잠재적 고객들과 전화로 커뮤니케이션을 해야 하는 경우가 상당히 많이 일어나게 된다. 따라서 전화 매너는 호텔서비스에서는 매우 중요한 부분이며, 다른 서비스에 대한 고객들의 만족도가 높더라도 전화 매너가 제대로 갖추어져 있지 않으면 그 호텔에 대한 고객들의 이미지가 부정적일 수 있다.

전화 매너에 있어서는 전화를 받는 경우와, 전화를 거는 경우로 나누어서 살펴 볼 수 있으며, 그 내용은 다음과 같다.(김성대 외, 2013, p.407 참조)

(1) 전화를 받는 경우

- 고객을 맞이하는 마음으로 전화를 받는다.
- 벨이 여러 번 울리기 전에 전화를 받는다.

- 발음은 정확하고 밝게 한다.
- 부서와 이름을 밝힌다.
- 메모 준비를 하고 용건을 경청한다.
- 내용은 간단하고 명료하게 한다.
- 마무리 인사말을 잊지 않는다.
- 상대방이 먼저 전화를 끊은 후 전화를 끊는다.

(2) 전화를 거는 경우

- 용건을 명료하게 정리하여 메모한다.
- 전화번호를 확실하게 확인한다.
- 발음은 정확하고 밝게 한다.
- 간단한 인사말을 하고 용건을 말한다.
- 대화에 집중한다.
- 요점을 반드시 복창한다.
- 마무리 인사말을 잊지 않는다.

3) 고객의 불평처리

호텔을 이용하는 고객의 불평은 호텔의 서비스 또는 손님의 성향에 따라서 발생할 수 있는데, 호텔의 입장에서는 아무리 좋은 서비스를 제공했다고 생각하더라도 호텔서비스를 받는 고객이 서비스가 허용 구간에서 벗어나 있다는 생각이 들면 불평을 하게 된다.

호텔을 운영함에 있어서 가장 중요한 부분 중 하나는 고객의 불평처리를 원활하게 하여 불평을 호소하는 고객을 자사의 고객으로 만드는 것인데, 이는 매우 어려운 부분이라고 할 수 있다.

고객의 불평처리가 원활하게 처리되지 않으면 그 고객뿐만 아니라 좋지 않은 평판Reputation이 형성되어, 특히 서비스를 통하여 고객만족을 실현해야 하는 호텔의 입장에서는 매우 어려운 상황이 연출될 수 있다.

고객 불평과 관련된 처리절차 및 내용은 다음과 같다.(김성대 외, 2013, p.420 참조)

(1) 사과를 한다

- 장소를 옮기고 고객을 자리에 앉힌다.
- 상황을 판단하여 혼자 해결하기 힘들 때는 상사에게 인계한다.

이와 같은 상황은 서비스 품질 평가기준에서 반응성과 공감성이 관련된 부분이라고 할 수 있으며, 반응성Responsiveness과 관련된 부분은 고객의 불평처리 시 본인이 직접 해결할 것인지, 아니면 상사에게 보고할 것인지와 관련된 부분으로 나누어서 생각할 수 있는데, 어떠한 의사결정을 하든지 간에 신속한 의사결정이 매우 중요한 부분이라고 할 수 있다.

이러한 부분은 고객의 만족도와 더불어 조직의 의사결정 구조와도 밀접한 관계가 있는 부분으로, 서비스 기업에서 가장 큰 주제 중 하나인 임파워먼트Empowerment와도 관련이 있는 부분이라고 할 수 있다. 임파워먼트 개념을 호텔서비스에 적용시킨 리츠칼튼호텔의 사례에서도 볼 수 있듯이, 고객들은 반응성을 서비스 품질에 있어서 상당히 중요한 부분으로 생각하기 때문에 상황판단 후 확실한 결정이 바로 실행되어야 한다.

(2) 경청을 한다

- 고객의 입장에서 말을 끝까지 듣는다.
- 고객과 논쟁하지 않는다.
- 문제점을 메모하고 다시 한 번 사과한다.

위에서 언급된 부분은 서비스 품질 평가기준 중에서 공감성Empathy에 가장 가까운 부분이라고 할 수 있으며, 고객들에게 호텔이 고객들의 불평처리에 많은 관심을 기울이고 있고 재발방지를 위해서 노력하고 있다는 커뮤니케이션을 보여주는 것이 가장 중요한 부분이라고 할 수 있다. 이러한 소통이 고객들과 원활해지면, 불평을 했던 고객들의 호텔의 재방문 및 호텔서비스의 지속적인 구매에 긍정적인 영향을 미치게 된다.

(3) 사실을 확인하여 문제점을 파악한다

- 고객의 잘못을 말하지 않으며, 고객의 관점으로 바꾸어 재검토한다.
- 자기의 의견이나 평가는 넣지 않는다.
- 객관적으로 사실을 파악한 후 전례를 찾아 비교해 본다.

호텔뿐만 아니라 기업의 품질관리에 있어서 중요한 점 중 한 가지는 지속적인 개선Continuous Improvement이라고 할 수 있는데, 아무리 서비스가 좋은 호텔이라고 하더라고 고객들을 100% 만족시킬 수 는 없기 때문에, 항상 자사의 서비스를 모니터링 하는 것이 매우 중요한 부분이라고 할 수 있다.

이러한 점에서 볼 때, 고객의 불평은 오히려 호텔의 입장에서는 호텔의 서비스 품질 및 관리를 되돌아 볼 수 있는 좋은 기회이면서 서비스의 어떠한 점을 지속적으로 개선해야 하는지에 대한 문제점을 파악할 수 있는 기회가 될 수 있다.

(4) 대안을 찾는다

- 고객의 요구사항을 파악하고 회사의 정책과 비교하여 신속하게 결정한다.
- 성급하게 해결하려는 인상을 주어서는 안 된다.

이렇게 문제점을 찾은 후에는 그 문제점의 해결방법을 찾아서 해결해야 한다.

(5) 대안을 고객에게 제시하고 동의를 구한다

- 쉬운 말로 설명한다.
- 고객의 반응을 살핀다.

대안을 고객에게 제시하고 동의를 구함으로써 서비스 품질 평가기준의 공감성을 극대화할 뿐만 아니라 고객이 만족도가 극대화되는 Second Reaction을 통한 서비스라고 할 수 있다.

(6) 즉각 처리한다

- 현장에서 본인이 처리할 수 있는 부분은 즉시 처리한다. 처리 불가능한 것은 부서장에게 즉시 보고한다.
- 고객이 기다리고 있는 경우, 처리과정을 설명한다.

즉각 처리를 통한 서비스 품질의 반응성을 극대화시키며 고객에게 처리과정의 설명을 공감성을 최대화시키는 것이 고객에게 최고의 서비스 품질을 제공하는 방법이라고 할 수 있다.

(7) 결과를 확인한다

- 고객의 만족도를 확인한다.
- 다시 재발하지 않도록 노력한다.
- 다른 종사원들과 고객 불평사례를 공유한다.

재발방지를 약속한다는 것은 서비스 품질 평가기준에서 일정부분 신뢰성Reliance과 관련이 있는 부분이라고 할 수 있다.

(8) 사례연구를 실시한다

- 보고서를 작성한다.
- 사례교육 시 활용하며 적극적인 서비스개선에 활용한다.

이러한 고객 불평과 관련된 사례연구를 통하여 같은 호텔 내에 근무하는 호텔리어들끼리 사례를 공유한 후 케이스 스터디를 실시하여 재발방지 효과를 가져 올 수 있다. 하지만 보고서를 작성하고 사례교육 실시 후 글로벌 체인호텔 브랜드의 경우에는, 이러한 사례와 케이스 스터디를 매뉴얼화 해서 호텔브랜드의 서비스표준화를 가져올 수 있는데, 이는 서비스 품질과 고객만족에 있어서 매우 중요한 부분이라고 할 수 있다.

또한 품질관리적인 측면에서 사례연구 등과 같은 지속적인 개선을 통해서 호텔의 경쟁력을 높여서 경쟁호텔과의 경쟁에서 우위를 확보하는 것이 매우 중요한 부분이라고 할 수 있다.

4) 고객 불평처리 시 금기사항

- 고객의 불평을 경청할 때 절대 미소 짓거나 웃지 않는다.
- 고객을 기다리게 하거나 서 있게 하지 않는다.
- 대수롭지 않게 생각하지 않는다.
- 고객 불평의 크고 작음을 가리지 않는다.
- 말을 가로막지 않고 끝까지 경청한다.

REFERENCES

고상동 외, 호텔서비스 매너와 실무, 백산출판사, 2011.

구태회, 호텔산업의 글로벌경영전략, 백산출판사, 2007.

김권식 외, 호텔객실실무, 한올출판사, 2007.

김성대 외, 호텔객실실무론, 대왕사, 2013.

김성용, 서비스경영전략, 기문사, 2010.

______, 호텔관광인적자원관리, 백산출판사, 2013.

김연성 외, 품질경영, 박영사, 1999.

김의겸, 호텔외식산업 연회실무, 백산출판사, 2010.

김종의 외, 마케팅, 형설출판사, 2003.

김진섭, 관광학원론, 대왕사, 1996.

김혜영 외, 호텔서비스 이론과 실무, 이프레스, 2014.

김홍일, 호텔경영실무, 새로미, 2014.

문준연, 마케팅원론, 명경사, 2003.

미래서비스아카데미, 서비스매너, 새로미, 2006.

박기홍 외, 디지털경제와 인터넷혁명, 을유문화사, 2000.

박대환 외, 호텔객실영업론, 백산출판사, 2013.

박대환, 호텔시설관리론, 백산출판사, 2012.

박소연 외, 서비스리더십과 커뮤니케이션, 한올출판사, 2005.

박영기 외, 호텔객실관리, 기문사, 2013.

박흥수 외, 신제품마케팅, 학현사, 2004.

손재근, 호텔연회실무, 세림출판, 2010.

신강현 · 강인숙, 호텔경영학개론, 기문사, 2011.

안광호 외, 호텔객실서비스실무, 기문사, 2012.

안광호 · 한상만 · 전성률, 전략적 브랜드관리, 학현사, 2003.

양영종 · 김상훈 · 정걸진, 디지털시대 광고론, 형설출판사, 2003.
양창삼, 조직이론, 박영사, 1990.
원융희 · 박충희 · 이창욱, 최신 관광인사관리, 백산출판사, 2004.
유도재 외, 호텔식음료실무론, 백산출판사, 2015.
이명식, 서비스마케팅, 형설출판사, 2004.
이우용 외, 마케팅원론, 형설출판사, 2003.
이원우 · 서도원 · 이덕로, 경영학원론, 박영사, 2000.
이유재, 서비스마케팅, 학현사, 2004.
이정실, 외식기업경영론, 기문사, 2002.
이정학, 서비스경영, 기문사, 2014.
______, 호텔경영의 이해, 기문사, 2006.
이철 · 장대련, 국제마케팅, 학현사, 1999.
임재화 외, 서비스운영관리, 도서출판 청람, 2014.
장세진, 경영전략, 박영사, 2003.
______, 글로벌경영, 박영사, 2004.
전용욱 외, 국제경영, 문영사, 2003.
전인수, 서비스마케팅, 석정출판사, 1999.
정규엽, 호텔 · 외식 · 관광마케팅, 연경문화사, 2004.
채서일, 마케팅, 학현사, 2004.
최동열, 관광서비스, 기문사, 1995.
최병권, 미래기업의 인재코드, 새로운제안, 2005.
최병호 · 유도재, 호텔경영론, 백산출판사, 2004.
한국산업인력공단 홈페이지.
한국여성교양학회 예절연구회, 글로벌서비스 매너, 신정, 2010.

Aaker, David A., Strategic Market Management, 6th ed., John Wiley, 2001.
American Marketing Association, "AMA Board Approves New Marketing Definition," Marketing News, March 1, 1985.
Barich and Kotler, "A Framework for Image Management", Sloan Management

Review, 1991.

Barlett, C. and S. Ghoshal, Managing Across Borders, Harvard Business School Press, 1989.

Bartlett, C. A., and Ghoshal, S., Managing Across Borders. The Transnational Solution, Boston, MA: Harvard Business School Press, 1989.

Berry, Leonard L, A. Parasuraman, and Valarie A. Zeithmal, "Understnading Customer Expectations of Services", Sloan Management Review, 1991.

Birkinshaw, J.M. and Morrison, A. J., Configurations of strategy and structure in subsidiaries of multinational corporations. Journal of International Business Studies, vol. 26, pp.729-754, 1995.

Terpstra, V., International Marketing 3rd ed., Hinsdale, Dryden Press, 1988.

Zeithmal, Valarie A. and Mary Jo Bitner, Service Marketing, McGraw-Hill Co., 1996.